지도로 만나는 한발한발 세계사

초판 1쇄 발행 2007년 11월 9일
초판 8쇄 발행 2015년 5월 22일

글 신정현
그림 조경규
펴낸이 고영은 박미숙

편집이사 인영아
뜨인돌기획팀 박경수 김현정 김영은 이준희
뜨인돌어린이기획팀 이경화 여은영 ㅣ 디자인실 김세라 오경화
마케팅팀 오상욱 ㅣ 경영지원팀 김용만 엄경자

펴낸곳 뜨인돌출판(주) ㅣ 출판등록 1994.10.11(제300-2014-157호)
주소 03176 서울시 종로구 경희궁1길 10-1
홈페이지 www.ddstone.com ㅣ 블로그 blog.naver.com/ddstone1994
노빈손 www.nobinson.com ㅣ 페이스북 www.facebook.com/ddstone1994
대표전화 02-337-5252 ㅣ 팩스 02-337-5868

ⓒ 2007 신정현, 조경규

SBN 978-89-92130-45-5 73900
CIP제어번호 : CIP2011000047

지도로 만나는 한발한발 세계사

신정현 글 | 조경규 그림

차례

- 세계의 역사 속으로 여행을 떠나기 전에 | 6
- 출발, 세계사 여행! | 8
- 요정이 준 신기한 선물들 | 9

- 인류의 탄생과 성장 | 10
  (약 500만 년 전~1만 년 전)
- 문명의 발생 | 24
  (약 1만 년 전~기원전 1000년)
- 도시국가, 제국의 시작 | 38
  (기원전 1000년~서기 4세기)

- 중세의 시작 | 52
  (4세기~11세기)
- 변화의 시기 | 66
  (11세기~14세기)
- 새로운 시기 | 80
  (14세기~16세기)
- 혁명의 시대 | 94
  (17세기~19세기)
- 전쟁의 시대 | 108
  (19세기~20세기)
- 우리가 사는 시대 | 122
  (20세기~21세기)

- 찾아보기 | 136
- 세계사 연표 | 138

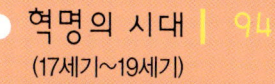

세계의 역사 속으로 여행을 떠나기 전에

1. 시대 소개
각 시대마다 또리의 친구들이 나타나 흥미진진한 역사 이야기를 들려줍니다.

2. 역사 속 인물
그 시대를 살았던 위인들에는 누가 있을까요? 역사를 움직인 위인들을 만나 봅니다.

3. 지도
세계 지도를 한눈에 보고 지구촌 곳곳에서 어떤 일이 일어났는지 알아봅니다.

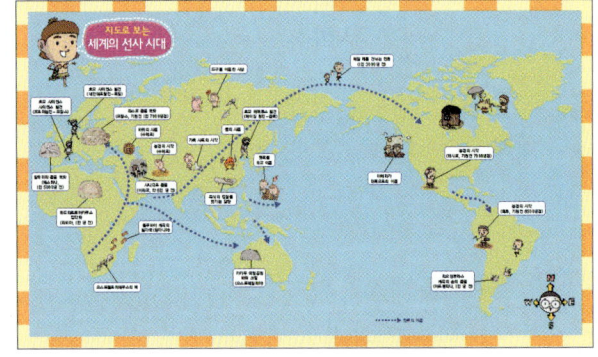

4. 세계의 여러 나라
각 시대마다 세계 여러 나라들의 모습과 분위기를 살펴봅니다.

◀ **5. 우리나라와 이웃 나라**

우리나라와 주변국에는
무슨 일이 일어났는지 알아볼까요?

6. 알쏭달쏭 역사 이야기 ▶

역사 속 사건에 대해 궁금한 점을
또리와 함께 풀어 갑니다.

◀ **7. 그때 그 사건**

좀 더 깊숙이 들어가
숨은 역사를 파헤쳐 봅니다.

8. 문화유산 ▶

위대한 역사의 상징으로 남아 있는
세계 문화유산을 찾아갑니다.

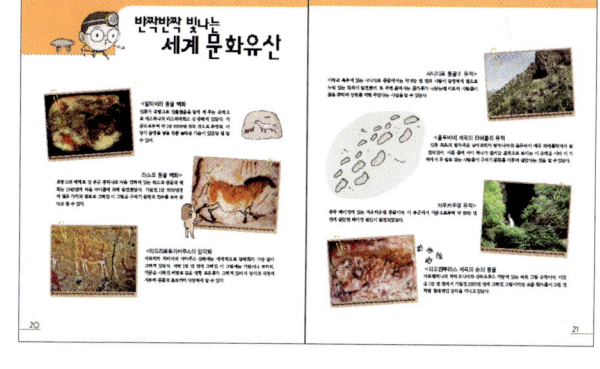

◀ **9. 발견과 발명**

인류의 발전에 공헌한
새로운 발견과 발명품들을 소개합니다.

10. 만화 ▶

또리가 여행에서 겪는 에피소드가 담겨
있는 만화로 한 시대를 마무리합니다.

7

또리야, 널 위해 준비한 선물들이야!

요정이 준 신기한 선물들

슈퍼 또리 망토 : 한 단계 업그레이드 된 비행 기능을 갖춘 최신형 슈퍼 망토야. 지구 어디든 1시간 내 돌파 가능해.

회오리 막대 사탕 : 최강 비밀 병기 사탕이라는데, 그 기능은 나도 잘 몰라~!

신발 : 밑창이 신축 소재라 점프를 아주 높게 할 수 있어. 심장 약한 사람은 사용 금물! 비상시엔 초고속 힐리스로도 사용 가능해.

자동번역기 : 다른 나라말을 자동으로 번역해 주는 기계야. 모르는 글자에 갖다 대기만 하면 자동으로 번역해 준단다.

이름 : 또리
나이 : 12세
별명 : 자칭 '또사마', 타칭 '얼큰이'
성격 : 친구들을 위한 일이라면 발 벗고 나서는 의리 짱, 용기 짱!

'구해 줘' 깃발 : 위급 상황이 발생하면 이 깃발을 마구 흔들어. 그럼 또미가 구해 주러 올 거야.

'S'자 셔츠 : 'S'자를 꾹 눌러 봐. 그럼 단단한 동굴 벽도 순식간에 뚫는 레이저 광선이 나와.

타임머신 : 과거로 가기 위해서 꼭 필요해. 잃어버리면 다음 시대로 옮겨갈 수 없으니까 잘 챙겨야 해. 가려고 하는 시대를 입력하고 버튼을 누르면 순식간에 그 시대에 도착해. 조금 어지러울지 몰라.

위치 이동기 : 같은 시대의 다른 대륙으로 갈 때 사용하면 돼. 지구 본을 돌려서 가려고 하는 곳에 포인트를 누르면 순식간에 이동할 수 있지.

소형 노트북 : 시대와 인물, 지역에 대한 정보 검색이 가능해. 세상의 모든 지식과 정보가 다 들어 있으니까 모르는 것이나 궁금한 것이 있으면 입력만 하면 돼.

책(?)가방 : 겉모양만 책가방이야. 이 안에는 쑥쑥 힘을 길러 주는 뽀빠이 식량이 들어 있어.

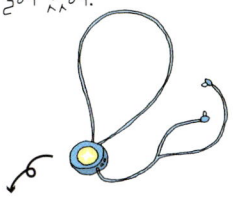

동시통역기 : 어느 시대 어떤 나라말도 동시통역이 가능해. 버튼을 누르고 이어폰을 끼면 그 사람 음성으로 통역이 되지.

인류의 탄생과 성장

약 500만 년 전~1만 년 전

선사 시대 이야기

안녕? 난 루시라고 해.

사람들은 나를 아프리카에서 처음으로 발견했단다.

원래 내 이름은 오스트랄로피테쿠스라고 하는데 발굴하던 사람들이 너무 길다고 루시라는 이름을 붙여 주었어. 자기들이 제일 좋아하는 노래에 나오는 여자 이름이 루시라나? 어쨌든 너희를 만나게 되어 무척 기뻐. 오랫동안 깜깜한 땅속에 있느라 너무 심심했거든.

나는 너희가 구석기라고 부르는 시대에 태어났단다. 지금부터 약 350만 년 전에 이 땅에 나타난 거지. 혹시 누가 내 나이 좀 세 줄래? 못 세겠지? 그래, 내가 바로 그 셀 수도 없이 까마득한 옛날에 살았던 사람이야.

나와 내 친구들은 집도 없이 떠돌아다니면서 동물을 잡아먹고 나무 열매랑 풀을 뜯어 먹었단다. 먹을 것이 떨어지면 다시 다른 곳으로 먹을 것을 구하러 다녔어. 뭐? 동물하고 똑같다고? 여기까진 동물하고 똑같아 보이겠지만 동물하고는 비교할 수 없는 우리만의 독특한 자랑거리가 있었단다.

그건 바로 우리가 일어서서 걷기 시작했다는 거야. 앞발을 손으로 쓰면서 여러 가지 도구를 만들고 자연에서 필요한 것도 만들어 썼지.

그리고 나도 너희만큼은 아니지만 머리가 꽤 똑똑했단다. 불도 사용하고 말도 할 줄 알았어. 이래도 우리를 동물하고 똑같다고 할 거야?

이제부터 내가 살았던 시대를 자세하게 안내해 줄 테니까 잘 따라와 봐.

먼 옛날에 살았던 우리의 조상

오스트랄로피테쿠스(약 350만 년 전)

학자들이 아프리카에서 어떤 뼈를 발견했는데, 처음에는 이것을 원숭이 뼈라고 생각해서 '남쪽의 원숭이'라고 불렀어. 그러나 오스트랄로피테쿠스는 원숭이와는 달리, 일어서서 걷고 두 손을 사용했단다.

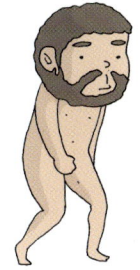

호모 에렉투스(약 50만 년 전)

아프리카에서 탄생한 인류는 약 150만 년 전에 아프리카를 벗어나 아시아, 유럽, 인도네시아로 나아가면서 자신들의 영역을 넓혔단다. 자바와 베이징에서 살았던 호모 에렉투스는 돌을 이용해 도구를 만들었고 불도 사용할 줄 알았어. 꽤나 똑똑했다고 볼 수 있지.

호모 사피엔스(약 25만 년 전)

독일의 네안데르탈이라는 곳에서 1848년에 사람의 뼈가 발굴되었는데, 이전에 알던 호모 에렉투스와는 조금 달랐어. 키는 작았지만 몸집이 단단하고 손과 팔이 유난히 강해 보였지. 맘모스 같은 동물을 잡아먹고 살 수 있을 정도로 말이야. 학자들은 이들을 '슬기로운 사람'이라는 뜻의 호모 사피엔스라고 불렀단다.

호모 사피엔스 사피엔스(약 4만 년 전)

사실은 호모 사피엔스 사피엔스가 우리의 직접적인 조상이야. 그럼 그 이전에는 인간이 아니었다는 말이냐고? 그건 아니고, 호모 사피엔스 사피엔스가 마지막으로 남아서 현재의 인류로 이어져 온 거란 얘기지. 이들은 자연을 정복하고 도구를 만드는 데 놀라운 귀재들이었단다. 이전의 인간들이 동물에 더 가까웠다면 이들은 오늘날의 우리처럼 훈련과 학습을 하고 문화를 전달하는 체계를 갖추는 등 원시적으로나마 서서히 발전했다고 볼 수 있지.

세계 곳곳에 남은 인류의 흔적

최초의 인류 화석

인류의 과거 모습을 알아내는 데 기초적인 자료가 되는 것은 화석이야. 지금까지 발견된 것 중 가장 오래된 인류의 화석은 에티오피아의 아파르라는 지역에서 나왔어. 지금으로부터 약 350만 년 전의 것이니 아주 까마득한 옛날이지. 그렇지만 앞으로 더 오래된 화석을 발견하게 된다면 이 기록은 깨지게 되겠지. 역사는 수학 공식처럼 정해져 있는 게 아니라 발견과 연구를 거듭해 가면서 더 정확한 사실로 옮겨가는 과정이거든.

아프리카에서 처음 발견된 이 화석 인류는 인간만이 할 수 있는 두 발 걷기의 신체 구조를 가지고 있었어. 인간은 다른 동물들과 달리 척추가 곧게 서고 골반이 넓어서 뒷다리만으로도 충분히 걸을 수 있거든. 또한 두뇌가 발달하면서 두 손을 자유롭게 쓰고 도구도 만들어 사용했지. 물론 이때의 화석 인류가 현재 우리의 직접적인 조상은 아니야. 인류는 시간이 흐를수록 자신들보다 더 나은 후손을 남기며 진화했단다.

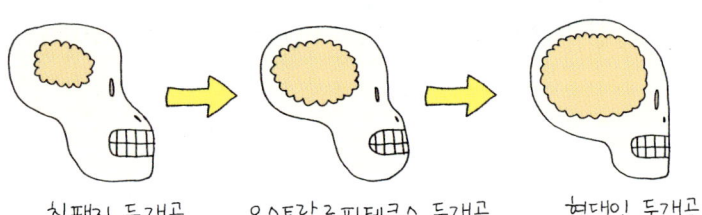

침팬지 두개골 오스트랄로피테쿠스 두개골 현대인 두개골

세계로 뻗어 나간 인류

인류가 어떻게 이 넓은 세계에 흩어져 살게 되었는지 정확한 것은 아직 밝혀지지 않았어. 학자들은 두 가지로 생각하고 있지. 하나는 호모 사피엔스 사피엔스가 아프리카에서 시작해 전 지역에 퍼져 살게 되었다는 것이고, 다른 하나는 이미 그 전에 호모 에렉투스가 세계 곳곳에서 살다가 진화했다는 것이지. 요즘 학자들은 아프리카에서 시작했다는 것을 더 믿고 있는 눈친데, 앞으로 화석이 더 발굴되어서 연구를 좀 더 해 봐야 알 수 있을 듯해. 하지만 가장 유력한 설은 인류가 아프리카에서 아시아로, 다시 아시아에서 인도차이나 반도를 건너 오스트레일리아 지방으로 이동하고, 일부는 빙하기 때 베링 해를 건너 아메리카로 넘어갔다는 거야.

그런데 인류는 왜 한곳에 머무르지 않고 여기저기로 퍼져 나갔을까? 음, 아마 이동 생활을 했던 구석기 시대의 인간들도 계속해서 무작정 떠돌아다니며 살기는 힘들었을 거야. 또한 호모 에렉투스 때부터는 불을 사용하면서 추위를 이길 수 있었고 고기를 익혀 먹으면서 머리도 더 똑똑해졌거든. 그래서 굳이 아프리카가 아니라도 어디서든 살아남을 수 있게 된 거지.

우리나라와 이웃 나라

동양이라는 말은 서양과 짝을 이루는 말이야. 동양은 지역적으로 보면 아시아 지방을 가리키는 말이고 문화적으로 보면 중국 문화권, 인도 문화권, 이슬람 문화권을 말한단다. 그중에서도 가장 동양적이라고 말할 수 있는 것이 중국을 중심으로 하는 문화권이야.

빙하기의 한반도와 그 주변

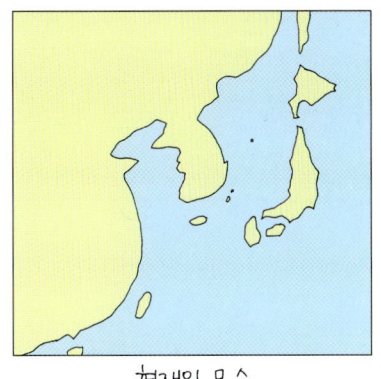
현재의 모습

빙하기 때는 해수면이 얕아서 중국과 우리나라와 일본이 하나로 이어져 있었단다. 지금의 서해와 동해도 육지로 연결되어 있어서 걸어 다닐 수 있었지. 사람들은 먹을 것을 찾아 자유롭게 이동했어. 그러다가 마지막 빙하기가 끝난 후 오늘날처럼 경계가 나누어졌단다. 일본에서 먹을 것을 구하던 원시인들은 섬으로 분리된 일본에 자리 잡게 되었지. 우리나라는 대륙과 연결되어 그나마 다른 나라들과 쉽게 교류할 수 있었단다.

우리나라에서는 약 70만 년 전부터 구석기 문화가 시작되었어. 사람들은 전국적으로 퍼져 동굴이나 막집에 살면서 뼈 도구와 뗀석기로 사냥을 하고 풀과 열매를 먹었지.

일본은 일본대로 구석기 시대부터 사람이 살다가 1만 년 전부터는 조몬 문화가 나타났단다. 조몬은 일본어로 새끼줄을 말하는데 당시 쓰던 토기에 새끼줄 무늬가 나타나서 후세 사람들이 그렇게 이름을 붙인 거란다.

중국의 베이징에서는 호모 에렉투스 계열의 인류 화석이 발견되었어. 원시인의 유골로는 제일 온전한 형태로 남아 있어서 옛날 인간의 발자취를 궁금해하는 우리에게 많은 도움을 주었단다.

알쏭달쏭 궁금한 선사 시대 이야기

아주 오래전에 지구는 어떤 모습이었을까?

지구가 이루어진 이후부터 역사 시대 이전까지의 시대를 지질 시대라고 해. 지질 시대는 선캄브리아대, 고생대, 중생대, 신생대로 나뉜단다. 약 6500만 년 전부터 시작된 신생대의 끝자락에 인류가 탄생했어. 앞에서 빙하기에 대해 잠깐 얘기했지? 인류가 탄생하고 나서 얼마 후 갑자기 지구가 차가워졌어. 그리고 그 후 여덟 번의 빙하기와 그보다 조금 더 따뜻해진 간빙기가 10만 년을 주기로 계속되었단다. 이때는 불도 발견되기 전이라 얼마나 힘들었을지 아마 짐작도 못할 거야. 옷도 제대로 못 입고 밖에서 추운 겨울을 난다고 생각해 보렴. 그러한 어려운 환경을 이겨내고 이 지구를 개척한 사람들이 바로 우리의 조상들이란다.

농사는 언제부터 지었을까?

마지막 빙하기가 끝날 무렵 사람들은 먹을 것을 찾아 돌아다니지 않고 한곳에서 곡식을 기르면서 살기 시작했단다. 또한 집도 짓고 가축도 기르기 시작했지. 가축들에게 농사일 같은 힘든 일을 시키기도 하고 배가 고프면 잡아먹기도 했어. 신석기 시대부터 농사를 지으면서 인간은 이전과는 아주 다른 방식으로 살게 되었단다. 학자들은 이러한 변화를 '신석기 혁명'이라고 불러. 신석기 시대에 농사를 지음으로써 마치 혁명과 같은 엄청난 변화가 일어났다는 뜻이지.

인간은 맨 처음 어떻게 생겨났을까?

기독교의 성경에는 하나님이 세상을 창조하고 자기 모습을 본떠서 인간을 만들었다는 이야기가 있어. 이걸 창조론이라고 한단다. 창조론에 의하면 인간은 우연히 나타난 것이 아니라 하나님의 계획에 따라 특별한 목적을 가지고 창조되었다고 해. 한편 이 세상에 인간이 나타나게 된 것을 순전히 우연이라고 생각하는 과학자도 있어. 오랜 세월 진화의 과정을 거쳐 오늘날과 같은 인간이 나타나게 되었다는 거야. 두 가지 중 어느 한쪽만 맞다고 성급히 말할 수는 없어. 창조론과 진화론 모두 그 안에 큰 의미를 담고 있거든.

흥미진진한 역사 속 그때 그 사건

도구를 처음 사용한 구석기 시대

구석기 시대는 약 350만 년 전부터 1만 년 전까지를 말해. 이 시대 사람들은 뗀석기를 사용했단다. 뗀석기는 돌을 때리거나 쳐서 만든 도구야. 처음에는 그저 땅 위에 널린 돌을 사용하는 데 그쳤지만 차츰 자신들이 사용하기 편리하게 도구를 만들기 시작했단다. 도구는 시간이 지나면서 차츰 정교해지고 다양해졌어. 구석기인들은 떠돌아다니면서 먹을 것을 구했고 동굴에서 비를 피하거나 추위를 막으며 살았단다. 혹은 막집을 짓기도 했지. 구석기인들이 본격적으로 사냥을 시작한 것은 약 160만 년 전부터였어. 사냥 기술은 점차 발달해서 나중에는 엄청나게 큰 맘모스도 잡을 수 있었단다.

혁명이라 불리는 신석기 문화

구석기에 이어 등장한 신석기 시대는 약 1만 년 전부터 기원전 4000년까지라고 할 수 있어. 이 시대 사람들은 석기를 갈아서 썼단다. 이것을 간석기라고 해. 신석기인들이 썼던 도구를 보면 돌로 만든 날카로운 바늘도 있는데, 그 당시에 바늘을 사용한 것으로 보아 옷을 만들어 입었다는 사실을 알 수 있지. 신석기인들은 농사를 짓기 시작하면서 한곳에 정착해 마을을 이루고 살았어. 집은 주로 나무로 틀을 짠 다음 짚으로 덮어서 만들었지. 농사를 지으면서 먹을 것이 많아지자 인구도 급격히 늘어났단다. 이들은 곡식을 저장하고 음식을 담기 위해 토기를 만들었어. 또 무거운 물건을 운반하기 위해 수레를 만들었단다. 이렇게 차츰 인간은 발전된 삶을 꾸려 나갔지.

반짝반짝 빛나는 세계 문화유산

◀알타미라 동굴 벽화

인류가 유럽으로 진출했음을 알게 해 주는 유적으로 에스파냐의 비스피에레스 산 중턱에 있단다. 지금으로부터 약 1만 5000년 전의 것으로 추정돼. 이 당시 음영을 넣을 만큼 놀라운 기술이 있었단 걸 알 수 있어.

라스코 동굴 벽화▶

프랑스의 베제르 강 부근 몽티냐크 마을 언덕에 있는 라스코 동굴의 벽화는 1940년에 마을 아이들에 의해 발견됐단다. 기원전 1만 7000년경에 열두 가지의 염료로 그려진 이 그림은 구석기 문명의 진수를 보여 준다고 할 수 있지.

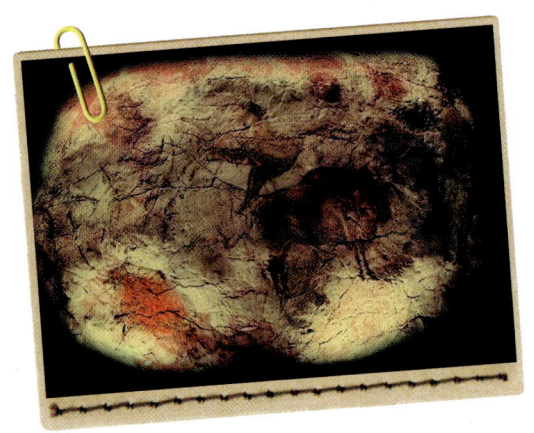

◀타드라르트아카쿠스의 암각화

아프리카 리비아의 아카쿠스 산맥에는 세계적으로 암벽화가 가장 많이 그려져 있단다. 대략 1만 년 전에 그려진 이 그림에는 기린이나 코끼리, 지금은 사라진 버팔로 같은 대형 포유류가 그려져 있어서 당시의 식생에서부터 동물의 분포까지 다양하게 알 수 있지.

샤니다르 동굴의 유적▶

이라크 북부에 있는 샤니다르 동굴에서는 약 6만 년 전의 사람이 단정하게 옆으로 누워 있는 화석이 발견됐어. 또 주변 흙에서는 꽃가루가 나왔는데 이로써 사람들이 꽃을 뿌리며 장례를 치뤄 주었다는 사실을 알 수 있단다.

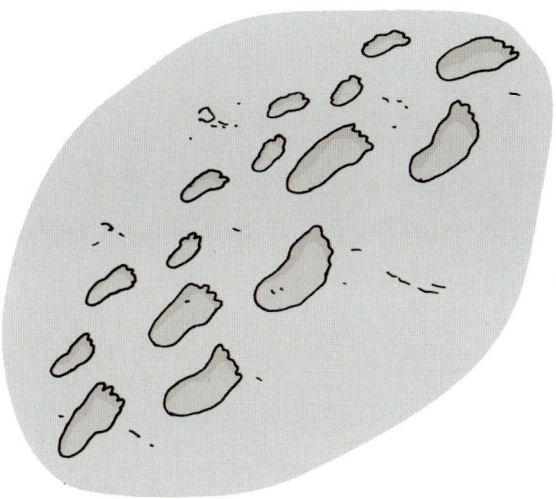

◀올두바이 계곡의 라에톨리 유적

인류 최초의 발자국은 남아프리카 탄자니아의 올두바이 계곡 라에톨리에서 발견되었어. 어른과 아이가 함께 걸어간 흔적으로 보이는 이 유적은 이미 이 지역에서 두 발로 걷는 사람들이 구석기 문화를 이루며 살았다는 것을 알 수 있단다.

저우커우뎬 유적▶

중국 베이징에 있는 저우커우뎬 동굴이야. 이 부근에서 지금으로부터 약 50만 년 전에 살았던 베이징 원인이 발견되었단다.

◀리오핀투라스 계곡의 손의 동굴

아르헨티나의 파타고니아와 산타크루스 지방에 있는 바위 그림 유적이야. 이것은 지금으로부터 1만 년 전에서 기원전 1000년 사이에 그려진 그림이지만 요즘 화가들이 그린 것처럼 현대적인 감각을 지니고 있단다.

역사를 바꾼 발견과 발명

불의 발견

인류가 발견한 것 중에서 으뜸은 불이라고 해야 할 거야. 불이 없다면 지금 우리는 어떻게 살고 있을까? 피가 뚝뚝 떨어지는 고기를 날것으로 뜯어 먹고 겨울에는 난방이 안 되서 오들오들 떨었겠지. 아마 몹시 춥고 배고파서 힘들게 살았을 거야. 옛날 우리 조상들도 불 덕분에 동물들의 위협에서 벗어날 수 있었고 불로 음식을 익혀 먹으면서 똑똑해지고 키도 클 수 있게 되었단다. 또한 겨울을 따뜻하게 날 수 있었고 깜깜한 밤에도 환하게 살 수 있게 됐지. 불은 우리에게 없어서는 안 될 정말 소중한 자원이야.

농사 짓기

원시적인 구석기 시대를 마치고 좀 더 발전할 수 있었던 계기는 농사를 짓게 되면서부터야. 그동안은 자연을 있는 그대로 이용하며 살았다면 농사를 지으면서부터는 자연을 원하는 대로 만들어 나가는 단계로 발전한 거지. 인간은 농사를 지으면서 지금처럼 한곳에 머물며 살게 되었고, 그 안에서 문화가 만들어지게 되었단다. 또 개와 같은 가축들도 길들여 집에서 키우기 시작했어. 인간이 이렇게 한곳에 정착해 농사를 짓고 가축을 키우며 살게 된 것을 신석기 혁명이라고 해. 인간이 두 발로 걸으면서 다른 동물들과 구별되었다면 농사를 짓기 시작하면서 인류만의 독특한 생활을 시작했다고 할 수 있지.

문명의 발생

약 1만년 전~기원전 1000년

고대 문명 이야기

안녕? 나는 카프레 왕이야. 나를 모른다고? 그럼 피라미드와 스핑크스는 알겠지?

그래! 그 거대한 피라미드의 주인이 바로 나야. 피라미드가 지금으로부터 4500년 전에 만들어졌는 사실을 알고 있었니? 우리 시대는 피라미드를 과학적으로 만들 수 있을 만큼 발달했었어.

우리가 살았던 시기는 문명이 탄생하던 때야. 사람들은 따뜻하고 비옥한 곳에 모여 살면서 도시를 만들었단다. 주로 큰 강 주변에서 강물의 혜택을 받으면서 살았는데, 농사를 짓는 일이 가장 큰 일이다 보니 물을 잘 관리하는 사람이 그 지역을 다스리게 되었어. 또한 청동기를 사용하고 글자도 만들게 되었지.

기원전 5000년부터 1000년 사이에는 거대한 문명이 일어났어. 대표적인 것이 이집트 문명, 메소포타미아 문명, 인더스 문명, 황허 문명이란다. 가만히 보면 이곳들은 대부분 아시아에 치우쳐 있다는 것을 알 수 있어. 그 이유는 지리적 조건이 활동하기에 좋고 비옥해서 많은 사람들이 정착해 살았기 때문이야.

그럼 인류의 고향인 아프리카 쪽은 어땠을까? 아프리카는 너무 덥고 사막이 가로 놓여 있어 사람들이 살기에는 어려움이 많았지. 하지만 기원전 1000년 무렵에 수단의 쿠시족이 문명을 탄생시키고 나라를 만들기도 했단다.

또한 아메리카는 빙하기 때 건너온 아시아인들이 남쪽으로 내려가면서 자리를 잡았어. 중앙아메리카에서는 올멕 문명이 탄생했고, 남쪽에서는 페루의 차빈에서 문명이 시작되었단다.

드디어 새로운 시대가 활짝 열리게 된 거야. 그럼 지금부터 찬란한 문명의 시대로 함께 떠나 볼까?

또리가 만난 역사 속 인물

카프레 왕

카프레 왕은 기원전 2558년부터 2532년까지 이집트를 다스렸단다. 그는 세상에서 가장 멋있고 큰 피라미드를 짓고 싶어 했어. 그러나 아버지 쿠푸 왕의 것보다 더 크게 짓는 것은 아들 된 도리가 아니라고 생각해서 그보다 조금 낮게 지었지. 하지만 쿠푸 왕의 피라미드보다 높은 곳에 만들었기 때문에 보는 위치에 따라 더 크게 보이기도 해. 또한 거대한 스핑크스를 세워 세계에서 가장 멋진 피라미드를 만들겠다는 꿈을 이루었지.

함무라비

함무라비는 바빌로니아의 여섯 번째 왕으로 기원전 1792년부터 1750년까지 나라를 다스렸단다. 함무라비는 메소포타미아 지역의 수많은 나라들을 통일하여 거대한 제국을 건설했어. 강력한 통일 왕국을 건설한 함무라비는 수도 바빌론의 성벽을 쌓고 운하를 만들었으며 무역 활동도 활발히 해서 바빌론이 오리엔트 세계의 중심지가 되게 했어. 또 달력을 통일하고 법률을 모아 함무라비 법전을 만드는 등 문화적으로도 황금 시대를 이루게 했단다.

함무라비 법전

모세

기원전 13세기에 이집트의 파라오 람세스 2세는 전쟁 포로와 외국인들을 동원해 화려한 신전과 왕궁을 지었단다. 또한 오래전에 흉년을 피해 건너온 유대인들도 노예처럼 부리며 공사에 동원시켰지. 견디지 못한 유대인들은 모세의 인도를 받아 이집트를 탈출했단다. 그들은 조상들이 살던 지금의 이스라엘로 돌아가기 위해 수십 년 동안 거친 사막을 떠돌아야 했어. 만약 모세와 같은 뛰어난 지도자가 없었다면 유대인들은 고향으로 돌아가지 못했을 거야. 모세는 유대인들에게 하나님을 믿도록 가르쳤는데 이 믿음은 수많은 어려움 속에서 유대인들을 지켜 주는 힘이 되었어. 모세가 유대인들에게 전해 준 유대교는 나중에 기독교와 이슬람교의 바탕이 되었단다.

인류가 이룩한 세계 4대 문명

이집트 문명

이집트는 아프리카 동쪽의 사하라 사막 가장자리에 있는 나라야. 세계에서 제일 긴 강인 나일 강이 이집트를 비옥한 땅으로 만들어 주었단다. 이집트 사람들은 사람이 죽어도 다음 생에서 영원히 산다고 생각해서 피라미드와 미라를 만들었어. 또한 이들은 태양을 보고 달력을 만들었고 십진법을 사용했단다. 얼굴은 옆을 향해 있는데 몸은 앞을 향해 있는 묘한 그림도 이집트 문명이 남긴 유물이지.

메소포타미아 문명

메소포타미아 문명은 지금의 이라크 지역에서 시작했어. '메소' 란 둘 사이라는 뜻이고, '포타미아' 란 강이라는 뜻이래. 티그리스 강, 유프라테스 강 이 두 강을 중심으로 세계 최초의 문명인 메소포타미아 문명이 탄생했단다. 이 지역에서는 수메르, 바빌로니아, 아시리아 등 여러 민족이 나라를 만들고 사라졌어. 이곳 사람들은 현실 세계를 중요시했으며 달의 주기에 맞춘 태음력을 썼고 쐐기 문자라는 독특한 문자를 사용했단다.

인더스 문명

히말라야에서 시작해 펀자브 지방을 거쳐 인도양으로 흘러드는 인더스 강 유역에서도 문명이 탄생했어. 모헨조다로와 하라파라고 하는 유적을 보면 놀라운 사실을 알 수 있지. 잘 정돈된 거리와 벽돌로 지어진 집들, 수세식 변기, 게다가 종교 의식 전에 목욕을 할 수 있는 공중 목욕탕까지 있었단다. 그러나 이 문명은 북쪽에서 온 아리아인의 침입을 받아 사라지고 말았어.

황허 문명

기원전 2000년경 중국의 황허 강 유역에서도 새로운 문명이 탄생했어. 중국의 여러 왕조 가운데 황허 문명을 이루었던 대표적인 나라는 은나라와 주나라였단다. 황허 강 유역 전체를 지배했던 은나라는 농업과 목축이 발달했고 청동기를 만드는 기술도 뛰어났어. 무엇보다도 훗날 한자로 발전하게 된 갑골 문자를 만들었단다.

우리나라와 이웃 나라

세계가 이렇게 거대한 문명으로 기지개를 펼 때 우리나라와 주변 나라들은 무엇을 하고 있었을까?

우리나라에서는 단군이 고조선이라는 나라를 세웠단다. 하늘 나라 왕인 환인의 아들 환웅이 태백산 신단수 아래에서 나라를 다스리다가 웅녀와 결혼을 했는데, 그 사이에서 태어난 인물이 단군이지. 고조선은 평양성에서 시작해서 만주와 한반도 북부 지방에 자리를 잡았단다. 고조선 사람들은 비파형 동검이라고 하는 청동기 칼을 사용했어. 이후 중국 연나라에서 건너온 위만이 준왕을 몰아내고 왕이 되었는데, 이때를 위만조선 시대라고 해. 위만조선은 중국과 우리나라 남쪽 진과의 무역을 중계하면서 많은 이득을 얻었지. 그러나 중국 한나라 왕 무제에 의해 기원전 108년, 우리나라의 첫 국가였던 고조선은 무너지고 말았단다.

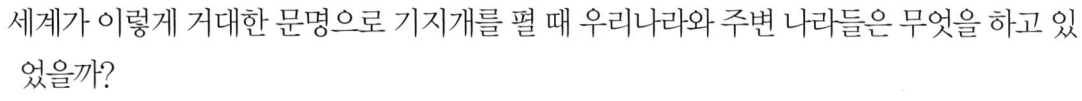

중국에서는 황허 유역을 중심으로 은나라와 주나라가 만들어졌어. 은나라는 황허의 상이라고 하는 지역에 도읍을 정하고 하늘에 제사를 지냈어. 그러나 기원전 11세기 무렵에 주나라가 은나라를 멸망시키고 중국의 새로운 지배자가 되었단다. 주나라는 넓어진 영토를 제후에게 나누어 다스리게 하는 봉건 제도를 만들었지.

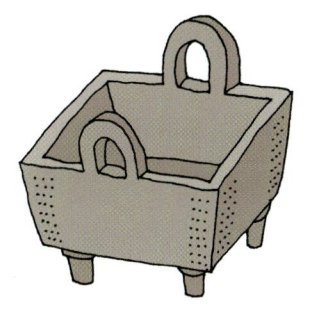

일본에서는 토기에 줄무늬를 새기는 조몬 문화가 꽃을 피웠단다. 조몬 문화는 수렵, 어로, 채집을 주로 하던 시대에서 농사를 짓는 시대로 넘어가던 때에 만들어진 문화야.

인도는 인더스 강 유역에 도시를 만들어 발전하다가 아리안족의 침입으로 사라졌어. 그리고 갠지스 강 유역에서 힌두 문화가 출현했지. 아리아인들이 만들어낸 힌두 문화는 나중에 인도의 고유한 전통으로 이어지게 된단다.

조몬 토기

알쏭달쏭 궁금한
고대 문명 이야기

맨 처음 도시는 어떤 모습이었을까?

농사를 짓기 시작하면서 사람들은 한곳에 모여 살기 시작했단다. 그리고 사람들이 점차 많아지면서 도시가 생겨났지. 도시의 시민들은 각기 다른 일을 하며 생활을 꾸려 갔어. 농사를 짓고 물건을 만들고 사람들을 가르치고 도시를 지키는 등 각자 맡은 일을 하며 재산을 모았지. 자연스럽게 재산을 많이 가진 사람과 적게 가진 사람의 차이도 나타나기 시작했단다. 그리고 한 도시 안에 살면서 서로가 지켜야 할 규칙과 법도 형성되었지.

사람들은 왜 문자를 만들었을까?

사람들이 문자를 처음 생각해낸 건 건망증 때문이란다. 서로 약속한 것을 잊어버리지 않기 위해 몇 가지 기호로 적어 놓았던 것이 글자로 이어지게 된 거지. 자기만 알아볼 수 있게 기호로 표시해 두었던 것을 서로가 알아볼 수 있도록 같은 기호로 적어 두면서 이것이 문자로 발전한 거야. 처음에는 단순히 날짜나 숫자만 표시하다가 나중에는 종교 의식이나 사회 생활의 규칙을 문자로 적기도 했어.

어쩌다 사람들 사이에 계급이 생긴 걸까?

농사를 짓기 시작하면서 옛날에 비해 먹을 것이 많아지자 그것을 어떻게 나눌까 하는 문제가 생겼단다. 주로 힘이 센 사람들이 남은 곡식을 가져가게 되었지. 곡식을 많이 가져간 사람들은 점점 더 부자가 되었어. 그래서 가난한 사람들에게 돈을 주고 일을 시켰지. 그렇게 돈과 권력에 의해 사람들 사이에 계급이 생기게 되었단다.

무궁무진한 역사 속 그때 그 사건

세계 최초의 신화 길가메시 서사시

메소포타미아 문명이 발생한 곳에 처음 생겨난 나라 수메르에는 전해 내려오는 신화가 있었어. 수메르의 우루크 왕 길가메시가 친구의 죽음에 충격을 받고 영원한 삶을 찾아 나섰다가 인간은 결국 죽을 수밖에 없다는 것을 깨닫고는 운명에 순응하며 돌아왔다는 내용이야. 이 과정을 담은 이야기가 길가메시 서사시인데, 이것은 기원전 2000년경에 만들어진 세계 최초의 서사시로 알려져 있단다.

무시무시한 함무라비 법전

수메르를 멸망시키고 들어선 나라가 바빌로니아야. 바빌로니아를 통일한 함무라비 왕은 법령을 282개로 정리해서 큰 돌에 새겨 놓았단다. 이 돌에 새겨진 법을 함무라비 법전이라고 해. 세계 최초로 만들어진 성문법(글로 쓴 법)인 함무라비 법전은 매우 엄격했어. 도둑질한 사람은 훔친 것의 10배, 20배, 30배를 물어주거나 사형을 당했단다. 또 남의 다리를 부러뜨리거나 눈을 멀게 하면 그 사람도 똑같이 그렇게 만들었어. 으~ 정말 무섭지?

이집트의 상징 피라미드와 미라

피라미드는 고대 이집트의 왕 파라오의 무덤이야. 이집트 사람들은 죽은 뒤에도 다른 삶이 있다고 생각했어. 그래서 사람이 죽으면 그 시체를 미라로 만들어 썩지 않게 했지. 또한 무덤에는 죽은 사람이 다음 생을 살아가는 데 필요한 돈과 음식을 묻어 주고 벽화도 잘 만들어서 같이 넣어 주었단다.

불평등한 카스트 제도

아리아인들은 인도를 침입하면서 원래 살던 사람들을 다스리기 위해 카스트 제도라는 것을 만들었어. 카스트는 브라만(승려), 크샤트리아(귀족·무사), 바이샤(평민), 수드라(노예)로 나뉘어. 높은 카스트에 있는 사람은 낮은 카스트에 있는 사람을 함부로 대하고 부릴 수 있었지. 이러한 카스트 제도는 그 후로도 수천 년 동안 인도 사람들을 지배했어.

33

반짝반짝 빛나는 세계 문화유산

◀ 피라미드와 스핑크스

높이가 143m, 무려 63빌딩 높이의 2/3나 되는 큰 무덤을 4500년 전의 사람들이 어떻게 만들었을까? 카이로에서 약간 떨어진 곳에 있는 카프레 왕의 이 피라미드는 인류의 영원한 수수께끼란다.

스톤헨지 ▶

영국의 솔즈베리 평원에 있는 고대의 거대한 돌 유적이란다. 무게가 50톤이나 되는 돌들이 두 겹으로 세워져 있는 게 신기하지? 이것은 제단이나 천문대로 사용했다고 추측되고 있어.

◀ 트로이

트로이 목마 그리고 전사 아킬레우스와 헥토르에 대해 들어본 적 있지? 전쟁의 도시 트로이는 전설로만 전해지다가 1871년 터키의 서부 에게 해 연안에서 발굴되었단다.

모헨조다로 유적 ▶

인더스 문명을 전설에서 역사로 바꿔 놓은 유적지야. 기원전 3000년에서 1500년 사이에 세워진 것으로 추정되는데, 도시가 반듯하게 계획되어 있는 게 그때 만들어진 거라고는 믿기지 않을 정도야. 공중 목욕탕, 곡식 창고, 회의장 같은 건물들도 마련되어 있단다.

▶고창·화순·강화 고인돌

고인돌은 납작한 돌로 기둥을 만들고 그 위에 평평한 돌을 얹어서 만든 선사 시대의 무덤이야. 우리나라의 전라북도 고창, 전라남도 화순, 인천시 강화군에서 수백 개가 발견돼 세계 문화유산으로 등록되어 있단다.

▼아부심벨 신전

고대 이집트의 신전으로 바위산을 높이 32m, 너비 38m로 깎아서 만들었단다. 아스완 댐이 건설되어 신전이 물에 잠길 위험에 처하자 1963~1966년에 세계의 도움을 받아 70m를 끌어올림으로써 원형을 유지할 수 있게 됐어.

역사를 바꾼 발견과 발명

문자

이 시대의 가장 위대한 발명은 뭐니 뭐니 해도 문자의 발명이란다. 본격적으로 문명이 시작되면서 세계 각 지역에서 동시에 문자가 만들어졌어. 문명과 문자는 한 짝이라고 해도 좋을 거야. 이집트에서는 그림 문자가, 메소포타미아에서는 쐐기 문자가, 중국에서는 상형 문자가 만들어졌어. 문자가 발명되면서 지식이 폭발적으로 늘어났고 그때까지 터득한 지식과 지혜를 다음 세대에 효과적으로 전달할 수 있게 됐지. 오늘날과 같이 문명이 발전하게 된 데는 문자의 발명이 절대적인 역할을 했어.

이집트 그림 문자

메소포타미아 쐐기 문자

페니키아 알파벳

중국 상형 문자

금속

인류의 역사를 전쟁의 역사라고 할 만큼 지난 시간 동안 많은 전쟁이 있었지만 이 시대에는 전쟁이 특히나 많았단다. 부족들끼리 서로 전쟁을 해서 나라를 세웠기 때문이야. 무기가 좋아야 전쟁에서 이길 수 있으니까 돌로 만든 도끼보다는 칼이나 창으로 싸우는 것이 훨씬 유리했어. 그래서 청동기와 철기가 더 발달하게 됐지. 청동기와 철기를 사용하면서 인류는 전쟁에 본격적으로 뛰어들었어. 하지만 금속이 발견되면서 나쁜 점만 있었던 건 아니야. 농사도 더 잘 지을 수 있게 되고 생활도 편리해졌으니까.

바퀴

바퀴가 무슨 위대한 발명이냐고 묻는 사람이 있을 거야. 너무 흔하고 만들기 쉽다고 생각할지 모르지만 기원전 4000년경에 사용했다는 건 정말 대단한 일이겠지? 바퀴는 여러모로 정말 유용하게 쓰이고 있어. 지금도 우리 주변에서 움직이는 것을 살펴보면 모두 다 바퀴를 달고 있잖아.

36

호기심 많은 또리
피라미드의 원리를 몸으로 배우다!

도시 국가, 제국의 시작

기원전 1000년~서기 4세기

도시 국가 이야기

안녕? 나는 카이사르야.

내 이름을 아는 친구들이 좀 있으려나?

나는 로마 제국이라는 나라에서 가장 유명한 인물 중 한 사람이야.

내가 살던 시대는 세계의 역사에서 아주 중요해. 세계적으로 큰 나라들이 많이 생겨나고 동양과 서양의 독특한 문화가 만들어지던 때였거든.

고대 문명 사회에서부터 사람들은 모여 살면서 차츰 도시보다 훨씬 더 큰 공동체를 만들어 나갔어. 이것을 국가라고 한단다.

유럽에서는 맨 처음 그리스와 로마가 만들어졌어. 이후에 그곳에 세워진 나라들은 그리스와 로마의 말, 제도, 종교, 예술, 학문을 다 가져다 썼단다. 그리스와 로마를 기반으로 했다고 볼 수 있지.

동양 쪽에서는 중국에 진과 한이라는 나라가 만들어졌어. 그리스와 로마가 유럽의 뿌리가 된 것처럼 진나라와 한나라도 중국 사회의 기초가 되었단다.

고대의 국가에서는 보통 가장 힘이 센 사람이 우두머리가 되어 사람들을 다스렸어. 그런데 그리스에서는 특이하게 시민들이 스스로 나라를 다스리는 민주 정치가 발전했단다.

그리스의 멋진 예술품과 로마의 건축물, 진나라의 만리장성과 페르시아의 독특한 문화유산이 있는 우리 시대! 어때, 궁금하지 않니?

자, 이제부터 나를 잘 따라와 봐!

또리가 만난 역사 속 인물

한니발

사람들은 한니발을 비운의 명장이라고 부른단다. 한니발은 제1차 포에니 전쟁에서 로마에 패배해 기울어 가는 조국 카르타고를 다시 일으키기 위해 노력했어. 한니발에 의해 카르타고가 다시 힘을 얻자 위기를 느낀 로마는 제2차 포에니 전쟁을 일으켰단다. 한니발은 기발한 작전을 세워 피레네 산맥과 알프스 산맥을 넘어 로마로 쳐들어갔어. 로마는 한니발의 이름만 들어도 두려움에 떨었단다. 하지만 한니발 군대는 스키피오가 이끄는 로마군에 의해 어쩔 수 없이 후퇴할 수밖에 없었지. 한니발은 로마를 향해 보복의 기회를 노렸지만 모함에 빠져 결국에는 자살하고 말았단다.

진나라의 시황제

수백 년 동안 여러 나라로 나뉘어져 다투던 중국을 최초로 통일한 사람이 바로 진나라의 시황제야. 시황제는 모든 것을 법으로 해결하려는 법가 사상을 채택해 나라를 다스렸어. 그는 법가 사상 이외의 책들은 모두 모아서 불살라 버리고 다른 주장을 펴는 사람들을 460여 명이나 생매장했단다. 또 만리장성과 초호화 별장 아방궁을 짓고 자신의 무덤을 어마어마한 크기로 만들어 놓았어. 그것도 모자라 흙으로 병사와 말을 만들어 묘를 지키게 했단다. 그러나 계속된 공사와 사람들을 억압하는 체제 때문에 진나라는 15년 만에 무너졌지. 시황제는 병들지 않고 오래 살기 위해 먹은 약 때문에 수은 중독에 걸려 죽었다는 이야기도 있단다.

카이사르

율리우스 카이사르는 포에니 전쟁이 끝난 후 로마의 격변기에 등장한 정치가였어. 로마인의 인기를 한 몸에 받은 최고의 군인이면서 연설가였고 『갈리아 전기』라는 책을 쓴 작가이기도 해. 그는 영토를 넓히고 화폐 개혁, 토지 개혁을 통해 로마가 계속 발전할 수 있도록 기틀을 다졌단다. 또 영어의 July(7월)나 러시아 황제 차르, 독일 황제 카이저의 이름 역시 카이사르의 이름에서 비롯된 것이라고 할 수 있어.

제국을 이룬 세계의 여러 나라

그리스

기원전 8세기에 발칸 반도에 들어선 조그마한 도시 국가들을 모두 합쳐 그리스라고 했어. 서쪽으로는 에스파냐가 있는 이베리아 반도에서 동쪽으로는 흑해에 이르기까지 넓은 지역을 차지했던 그리스는 결국 도시 국가들 간의 잦은 다툼으로 무너지게 되었단다.

로마

로마는 기원전 8세기에 이탈리아의 로마 지방에서 시작해 마침내 지중해를 감싸는 모든 땅을 손에 넣어 거대한 제국이 되었지. 그러다가 3세기 무렵에는 동서로 나뉘었어. 서로마 제국은 게르만인의 침입을 받아 무너진 데 반해 동로마 제국은 이후에도 천 년 동안 발칸 반도와 소아시아 지역에서 로마의 전통을 이어갔단다.

알렉산드로스 제국

마케도니아의 왕 알렉산드로스는 그리스를 점령하고 소아시아를 거쳐 페르시아와 인더스 강 유역까지 거대한 제국을 만들었어. 하지만 알렉산드로스가 죽자 제국은 세 개로 나뉘고 말았지. 알렉산드로스 제국은 그리스 문화를 페르시아 지방과 인도까지 전파함으로써 독특한 헬레니즘 문화를 형성하는 기틀을 마련했단다.

페르시아 제국

페르시아는 주변 나라를 점령하면서 제국을 넓혀 나갔어. 다리우스 황제 때 최고의 전성기를 누렸지. 수도였던 페르세폴리스와 수사는 점령한 지역에서 바친 세금으로 번영을 누렸단다. 그러나 알렉산드로스에 의해 기원전 330년에 멸망하고 말았지.

아프리카

아프리카에서는 이집트 왕국 아래 수단 지역에서 쿠시족이 왕국을 세웠어. 이집트 문명을 이어받아 피라미드도 만들고 상형 문자도 만들면서 나라를 발전시켜 나가다가 악숨족에 의해 멸망했단다.

우리나라와 이웃 나라

세계에 여러 나라들이 생겨났던 이때, 우리나라와 주변 나라들은 어땠을까?

우리나라에서는 고조선이 사라진 후 새로운 나라들이 자리를 잡았단다. 만주 지방에는 부여와 고구려가, 한반도 북부 동해안 쪽에는 옥저와 동예가, 남부 지방에는 삼한이 생겨났지. 이 나라들은 서로 치열하게 싸우면서 발전을 거듭하다가 마침내 중앙 집권 체제를 갖춘 고구려, 백제, 신라로 이어졌단다.

한편 중국은 주나라가 분열되자 오랜 기간 동안 여러 나라로 나뉘어져 혼란스러웠어. 이때를 춘추 전국 시대라고 해. 전국 시대 일곱 개 나라 가운데 결국 진나라가 전국을 통일하여 하나의 국가를 세웠단다. 진나라의 시황제는 나라를 정비하기 위해 전국에 길을 닦고 운하를 뚫었어. 또한 도량형과 글자를 통일하고 사상까지도 통일했지. 우리가 잘 아는 만리장성도 이때 만들어진 거란다. 중국을 차이나(China)라고 부르는 것은 진나라의 이름에서 비롯된 거야. 하지만 진나라는 백성을 너무 괴롭힌 대가로 결국 망하게 되었고 이후 한나라가 세워졌어. 한나라는 진나라가 닦아 놓은 기반 위에 영토를 넓히고 400년 동안 번영을 누렸단다. 한나라는 로마 제국까지 나아가 무역 활동을 했는데, 이때 비단을 비롯한 여러 가지 물품을 싣고 오갔던 길을 비단길(실크로드)이라고 부르지.

일본은 작은 나라들로 흩어져 지내다가 기원전 3세기 말 여러 나라가 연합해서 야요이라는 나라를 세웠단다. 일본 역사에서 처음으로 나라가 등장한 거야. 일본은 우리나라의 벼농사와 청동기, 철기 문화의 영향을 받아 이전 시대와는 비교할 수 없이 풍요로워졌단다. 또한 이때 계급도 만들어졌지.

한편 인도에서는 이 시기에 찬드라굽타라는 사람이 마우리아 제국을 세웠어. 마우리아 왕조는 불교 문화가 발달해서 동남아시아에 전해 주기도 했단다.

알쏭달쏭 궁금한
도시 국가 이야기

그리스에서 맨 처음으로 올림픽이 열렸다고?

그리스의 도시 국가 사람들은 제우스 신전 앞에 모여 4년에 한 번씩 제사를 지냈단다. 제사가 끝나면 축제가 열렸는데, 그중 한 행사로 체육대회를 했어. 이것이 바로 최초의 올림픽이란다. 고대의 올림픽에서는 남자들이 옷을 벗고 달리기, 멀리 뛰기, 창 던지기, 원반 던지기, 권투 경기 등을 했어. 신성한 육체를 단련하는 데 있어 옷은 거추장스럽다고 생각했거든.

포에니 전쟁은 언제 일어났을까?

지중해를 둘러싸고 기원전 264년부터 146년까지 세 번에 걸쳐 벌어진 로마와 카르타고와의 싸움을 포에니 전쟁이라고 해. 특히 제2차 전쟁은 한니발 전쟁이라고 하는데, 카르타고의 장군 한니발이 코끼리 부대를 이끌고 로마를 공격한 것으로 유명하단다.

우리나라의 석굴암도 헬레니즘 문화의 영향을 받았대~

헬레니즘 문화의 영향을 받은 것엔 뭐가 있지?

그리스 문화와 오리엔트의 문화가 섞여서 형성된 독특한 문화를 헬레니즘 문화라고 해. 헬레니즘 문화는 인도 간다라 지방의 미술과 동아시아 불교 미술 전반에 영향을 주었단다.

살아 숨쉬는 역사 속 그때 그 사건

그리스의 민주 정치

국가에 대한 의무를 다했던 평민들과 달리 귀족들은 별다른 노력 없이도 어마어마한 권리를 누리며 살게 됐어. 이렇게 사회가 혼란스러워지자 참주라고 하는 독재자가 나타났단다. 그리스 사람들은 독재자를 물리치고 시민 모두가 참여하는 민주 정치를 실시했어. 그렇지만 이때 외국인, 여자, 노예는 정치에 참여할 수 없었단다.

포에니 전쟁 이후 달라진 로마

포에니 전쟁 당시 돈이 부족했던 로마 정부는 귀족들에게 돈을 빌렸어. 그리고는 전쟁에서 이기자 귀족들에게 돈 대신 식민지의 땅을 나누어 주었단다. 귀족들은 노예들을 시켜 그 땅에 농사를 짓고 농작물을 팔았어. 로마의 농민들은 가난해졌고 귀족들은 점점 더 부유해졌단다. 또한 로마는 포에니 전쟁에서 승리하면서 영토를 넓혀 거대한 제국이 되었지.

종교의 시대

불교, 힌두교, 유대교는 기원전 6세기경에, 기독교는 서기 1세기 무렵에 생겨났단다. 힌두교와 불교는 인도에서 만들어졌어. 불교는 고타마 싯다르타라고 하는 인도의 한 왕자가 보리수나무 아래에서 깨달은 인생의 비밀을 사람들에게 가르치면서 시작되었단다. 나중에 불교는 동남아시아를 비롯해서 우리나라와 중국, 일본에까지 널리 전파되었지. 유대교는 이스라엘 민족의 종교로서 유일신 하나님을 믿고 올바른 삶을 살도록 가르쳤어. 동양에서는 기원전 6세기경에 공자가 어진 마음으로 살아야 한다는 가르침을 펼쳤는데, 이것이 바로 유교 사상이란다.

반짝반짝 빛나는 세계 문화유산

◀ 만리장성
우주에서 보이는 유일한 건축물이야. 총 길이는 약 2700km인데, 중국의 단위 리로 따지면 1만 리를 넘기 때문에 만리장성이라는 이름이 붙었지.

시황제릉과 병마용갱 ▶
중국 최초의 통일 국가를 이룬 진나라의 시황제는 36년에 걸쳐 자신의 무덤을 거대하게 만들었어. 무덤의 지하에는 흙으로 사람과 말을 만들어 놓은 병마용갱이 있단다.

▼ 예루살렘의 옛 시가와 성벽
이스라엘의 수도인 예루살렘은 유대교, 기독교, 이슬람교의 성지로 지금도 많은 사람들이 찾고 있단다.

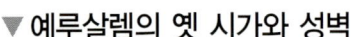

요르단의 페트라 ▶

요르단 남부에 있는 고대 도시인데 한때는 교역으로 번창했어. 사진에서 볼 수 있듯이 바위산을 깎아 만든 엘 카즈네 신전은 경탄을 자아내게 하지.

◀ 폼페이 유적

이탈리아 남부에 있던 고대 도시로 농업과 상업의 중심지였으나 기원전 79년 베수비오 화산 폭발로 화산재에 파묻히고 말았어. 하지만 1748년부터 본격적으로 발굴되어 당시의 찬란한 문화를 느낄 수 있게 되었단다.

파르테논 신전 ▶

기원전 447년 제2차 페르시아 전쟁에서 승리한 아테네는 아테나 여신에게 바치는 파르테논 신전을 지었어. 지금은 46개의 기둥만 남아 있지만 예전의 화려하고 웅장했던 모습을 엿볼 수 있단다.

◀ 콜로세움

이탈리아 로마에 있는 원형 경기장 겸 극장이야. 80년경에 완성된 것으로 5만 명이나 되는 사람들이 안에 들어갈 수 있어. 이곳에서는 주로 시합과 맹수들의 공연이 행해졌단다.

역사를 바꾼 발견과 발명

숫자

수에 대한 기록은 고대 메소포타미아의 쐐기 문자, 이집트의 그림 문자, 중국의 뜻글자에서 찾을 수 있단다. 지금 우리가 쓰고 있는 아라비아 숫자는 이름만 듣고 아라비아 사람들이 만들었다고 생각할 수 있는데, 사실은 인도에서 만들어진 거야. 2세기경 인도의 산스크리스트어에 그 기원을 두고 있지. 인도에서 아라비아로 전해졌다가 12세기에 다시 유럽으로 전해지면서 아라비아 숫자라고 불리게 된 거야. 수를 발명하면서 인류는 정확한 계산을 하게 됐어. 나아가 수학과 과학이 발전했고 높은 수준의 문화를 이루게 되었지.

비단

비단은 중국의 주나라 때 처음 만들어졌어. 그리고 한나라 때부터 비단길을 따라 인도, 아라비아, 유럽으로 수출되었지. 비단은 뽕나무 잎을 먹고 사는 누에의 실을 뽑아 만드는데, 가볍고 부드러우면서도 윤이 나는 고급 천이라 지금도 아주 귀하단다.

종이

종이는 서기 105년에 중국의 후한 시대 환관이었던 채륜에 의해 발명되었다고 전해진단다. 하지만 기원전 140년경에 이미 사용되었다는 설도 있어. 종이가 발명되기 전에 이집트에서는 갈대를 이용한 파피루스를 사용했고, 중국에서는 대나무를 잘라 만든 죽간에 글을 썼어. 또 다른 지역에서는 양가죽을 말려서 만든 양피지를 사용했었지. 중국의 종이 만드는 기술은 중동 지방을 거쳐 유럽에 전해졌고 13~15세기에는 각지에 종이 공장이 세워졌단다. 훗날 인쇄술이 발달하면서 종이는 책으로 만들어져 지식을 전달하는 데 중요한 역할을 했지.

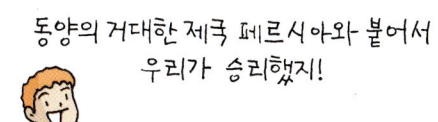

중세의 시작

4세기~11세기

중세 사회 이야기

안녕? 나는 마호메트야.

난 알라신의 계시를 받고 이슬람교를 만들었단다. 내가 창시한 이슬람교는 나중에 중동 지방과 아프리카 북부까지 널리 퍼지게 돼.

우리가 함께할 중세는 앞에서 이야기했던 고대의 여러 제국들이 무너지고 새로운 나라가 만들어지던 시기야. 고대에 살던 사람들보다는 신분적으로 좀 더 자유로웠고 먹을 것과 입을 것도 전 시대에 비해 풍부했단다. 이때 왕들은 각 지역의 영주들에게 땅을 나누어 주는 대신 나라에 세금을 내고 군대에 지원하라고 했었지.

유럽에서는 서로마가 무너지고 발트 해 쪽에 살던 게르만족이 옮겨가서 프랑크라는 나라를 세웠어. 게르만족은 로마의 종교였던 기독교를 자신들의 종교로 받아들이고 모든 사회에 엄격히 적용했단다. 지금의 서남아시아에서는 이슬람을 믿었던 사람들이 이슬람 제국을 만들었지. 또한 인도 쪽에서는 마우리아 왕조와 쿠샨 왕조가 막을 내리고 굽타 왕조가 새롭게 나타났단다. 중국에서는 한나라가 망하고 위진남북조와 수나라 그리고 당나라가 세워졌어.

물론 이들 나라가 모두 같은 시기에 시작된 건 아니야. 하지만 이 시대를 통틀어 사람들은 중세라고 부른단다.

자, 그럼 지금부터 우리 함께 중세로 여행을 떠나 볼까?

또리가 만난 역사 속 인물

유스티니아누스 1세

비잔틴 제국의 황제 유스티니아누스는 옛 로마 제국의 영광을 회복하고 싶어 했어. 그래서 군대를 늘리고 이탈리아, 북아프리카, 스페인 등 한때 로마 제국의 영토였던 지중해 연안의 나라들을 차례로 정복했지. 옛 로마 제국의 영토를 거의 회복한 유스티니아누스 황제는 넓은 영토를 다스리기 위해 로마의 모든 법을 모아 『유스티니아누스 법전』을 만들었단다. 이 법전은 로마 문화 최대의 유산으로 나중에 근대 유럽 사람들이 법을 만들 때 큰 도움을 주었어.

카롤루스 대제

카롤루스는 흩어져 있던 게르만족을 통합해서 프랑크 왕국의 영토를 넓힌 위대한 정복자였단다. 게르만족은 로마 교회의 도움을 받아 힘을 키울 수 있었고 로마 교회는 프랑크 왕국의 보호를 받을 수 있었지. 카롤루스는 자기 자신을 기독교의 수호자라고 생각했단다. 그래서 교황청을 보호하고 기독교를 전파하는 데도 열을 올렸어. 그뿐 아니라 각 지방에 학교를 세워 교육에도 힘썼단다. 중세 사람들은 카롤루스보다 더 위대한 왕은 없을 거라고 생각했어. 그래서 그를 '위대한 샤를'이라는 뜻의 '샤를마뉴'라고 불렀단다.

알프레드 대왕

작은 나라로 나뉘어 있던 영국에는 바이킹족이 자주 나타났단다. 이때 해적들을 물리치고 통일 왕국을 건설한 사람이 알프레드 대왕이야. 알프레드 대왕은 해적들과 맞서기 위해 배를 만들고 해군을 일으켰지. 또한 법전을 편찬하고 외국에서 유능한 학자와 기술자를 불러와 학문과 기술을 가르치게 했단다. 뿐만 아니라 지방 행정 제도를 정비하고 기독교 신앙을 전파하는 데도 힘을 쏟았어. 알프레드 대왕은 많은 개혁을 통해 영국을 부강하게 만들었단다.

점점 성장하는 세계의 여러 나라

프랑크 왕국
서로마가 망하자 게르만 민족은 서로마의 자리를 차지하고 각각 나라를 세웠단다. 게르만 민족의 한 파인 프랑크족은 라인 강 하류 지방에서 지금의 프랑스 일대로 뻗어 나가 프랑크 왕국을 세웠어. 그리고 8세기 카롤루스 대제 때 유럽은 프랑크 왕국의 지배 아래로 들어갔단다.

비잔틴 제국
로마가 동서로 갈라지면서 동로마 제국은 수도를 콘스탄티노플로 정하고 천 년 이상 나라를 유지했어. 콘스탄티노플은 원래 비잔티움이라고 불렀기 때문에 비잔틴 제국이라고도 해. 동로마 제국은 로마의 유산을 고스란히 간직하면서 아주 독특한 비잔틴 문화를 형성해 나갔단다.

이슬람 제국
마호메트가 유일신 알라의 계시를 받아 전파한 이슬람교는 오랜 세월 사막에 갇혀 살았던 아랍인들에게 새로운 힘을 주었단다. 마호메트는 메카에서 메디나로 옮겨간 뒤 세력을 키워 아라비아 반도를 통일했어. 마호메트가 죽은 뒤에는 중동의 여러 나라를 정복해 대제국을 이루었단다.

러시아
러시아인들은 대부분 슬라브족이란다. 원래 슬라브인들은 우크라이나 지대에서 농사를 지으며 살았어. 그러다가 게르만족에게 쫓기면서 동쪽으로 옮겨갔지. 9세기경에 동슬라브족이 세운 나라가 키예프 루시란다. 키예프 루시는 비잔틴 제국의 영향을 많이 받은 나라였어.

영국
영국은 켈트족이 옮겨가 살다가 로마의 카이사르가 침공한 후로 로마의 지배를 받게 되었어. 로마가 멸망한 뒤에는 게르만인이 이동해서 앵글로 색슨족이 지배하는 나라가 되었단다. 그리고는 다시 바이킹인 노르만족이 다스리게 되었지.

우리나라와 이웃 나라

유럽에서 서로마가 무너지고 게르만 민족이 들이닥쳐 혼란스러울 즈음, 동양에서도 여러 가지 변화가 일어났단다.

우리나라는 고구려, 백제, 신라 삼국이 각기 전성시대를 맞았어. 하지만 7세기에 들어 신라가 당나라를 끌어들여 통일신라를 만들고 북쪽에서는 발해가 새롭게 들어섰지. 이때를 남북국 시대라고 한단다.

한편 중국에서는 한나라가 망하고 난 뒤 유목 민족이 쳐들어와 중국 북쪽을 점령했어. 그리고 남쪽에서는 중국 민족의 나라가 들어섰다 망하는 위진남북조 시대가 시작되었지. 이후 남북조를 통일한 수나라가 세워지고 얼마 후엔 당나라가 세워졌단다. 동아시아의 여러 나라들은 당나라 문화의 영향을 받으면서 자신들의 문화를 가꾸었지. 당나라는 세련된 문화와 국제적인 감각으로 호사스러운 생활을 누렸지만 군인들의 반란으로 망하고 말았어. 이어서 송나라가 세워졌단다.

남북국시대

일본은 4~5세기에 나라가 처음 만들어졌어. 30여 개의 연합국 시대를 거쳐 4세기 초 야마토를 중심으로 통일 국가가 형성되었지. 야마토국은 7세기 중반쯤 쇼토쿠 태자가 개혁을 실시해 천황 중심의 나라로 만들었어. 그리고 우리나라와 당나라의 문화를 받아들여 새롭게 변화를 꾀했단다. 서남아시아에서는 이슬람 제국이 번성했고 인도 쪽에서는 마우리아 왕조와 쿠샨 왕조가 끝나고 굽타 왕조가 등장했단다. 굽타 왕조는 오늘날 인도의 모습을 갖추는 데 큰 역할을 했어. 이 시기에 만들어진 것이 힌두교야. 약 3세기 동안 번성하던 굽타 왕조가 망하자 인도는 다시 여러 나라로 흩어졌어. 그리고 서서히 이슬람 세력의 영향권 아래 놓이게 되었단다.

  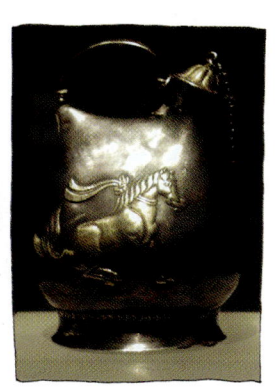

당나라의 문화 예술품

알쏭달쏭 궁금한 중세 시대 이야기

봉건 제도는 어떻게 생겨났어?

프랑크 왕국이 세워지고 노르만족이 쳐들어왔을 때 유럽은 무척 혼란스러운 시기였단다. 이런 혼란 속에서 사람들은 자신의 생명과 재산을 지키기 위해 힘 있는 자로부터 보호받고 싶어 했어. 지방의 영주는 기사에게 땅을 주었고 기사는 그 대가로 영주와 땅을 지켜 주었지. 그리고 왕, 귀족, 영주와 그 지배하에 있는 농노 사이에는 주인과 종의 관계가 성립하게 되었단다.

중세의 기사는 무슨 일을 했어?

중세의 기사는 지금의 군인과 비슷해. 하지만 이들은 전쟁에 나가 싸우기만 한 게 아니라 제후가 다스리는 지역에 사는 사람들을 지켜 주기도 했어. 기사는 열 살도 되기 전에 부모님 곁을 떠나 성에서 살면서 궁중의 예법과 무술을 배웠단다. 그러고 나서 스무 살 정도에 기사로 임명되었지. 맡은 일에 최선을 다하는 기사도 정신은 중세 사회를 잘 돌아가게 하는 윤활유 역할을 했어.

황제와 교황이 서로 싸웠다고?

중세 유럽에서는 교회의 힘이 굉장히 컸단다. 기독교는 로마에서 이미 국교의 자리까지 올라갔고, 로마가 망한 뒤에도 큰 힘을 가진 세력이었어. 교회의 가장 큰 우두머리는 교황이었는데 중세 시대에는 교황의 힘이 황제의 권력보다 더 센 적도 있었단다. 교황에 의해 쫓겨난 황제가 교황에게 싹싹 빌어서 다시 황제의 자리에 오르는 일도 있었지.

당나라는 얼마나 큰 나라였을까?

중국 당나라 2대 황제 태종 때에는 정치가 안정되면서 백성들의 삶이 풍요로워지기 시작했단다. 수나라 때 완성한 운하 덕에 상공업이 발전하고 무역이 활발해져서 외국 문물이 쏟아져 들어왔지. 당나라의 수도 장안은 이슬람 제국의 바그다드와 동로마 제국의 콘스탄티노플과 더불어 당시 가장 컸던 도시였어. 인구가 100만 명이나 되고 여러 나라의 상인과 유학생이 넘쳐나는 곳이었지. 모든 길은 장안으로 통한다는 말이 있을 정도였단다.

움직이는 역사 속 그때 그 사건

중세 유럽에서 일어난 민족 대이동

게르만족의 이동

게르만족은 원래 발트 해 남쪽에 살던 민족이었어. 하지만 인구가 점점 늘어나자 살기 좋은 곳을 찾아 서로마 경계선을 넘어 서서히 유럽 쪽으로 이동했지. 그런데 아시아 흉노족의 후손인 훈족이 흑해 쪽에 살던 게르만족을 압박했어. 결국 게르만족은 이들을 피해 로마 땅으로 민족 대이동을 하게 되었단다.

노르만족의 이동

노르만족은 스칸디나비아 반도 주변에 살던 게르만족인데 바이킹족이라고도 해. 이들은 8세기부터 따뜻한 유럽의 여러 지역으로 이동했단다. 영국, 프랑스의 노르망디 지역, 이탈리아, 러시아의 내륙으로 옮겨와 나라를 세우고 약탈을 일삼았어. 그러다 보니 유럽 사회는 혼란에 빠졌어. 노르만족의 위협으로부터 보호받기 위해 사람들은 힘이 센 자에게 의지하게 됐고, 그리하여 유럽에 봉건 제도가 생겨나게 되었단다.

이탈리아 · 프랑스 · 독일로 나뉘게 된 조약

8세기에 번영을 누렸던 프랑크 왕국은 카롤루스 대제의 손자대에 이르러 동 · 중 · 서로 나뉘었단다. 세 손자는 베르됭 조약과 메르센 조약을 맺고 각각 자신들의 나라를 통치했어. 이렇게 해서 서프랑크는 지금의 프랑스 지역으로, 중프랑크는 이탈리아 지역으로, 동프랑크는 독일 지역으로 나뉘게 되었지.

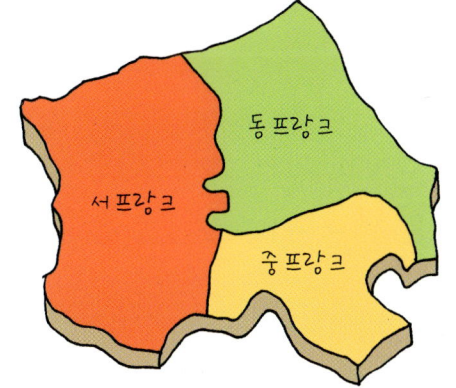

메르센 조약 이후 나뉘게 된 국경선

알라신을 믿는 이슬람교

메카에서 낙타 대상을 하던 마호메트는 알라신의 계시를 받아 사람들에게 전했단다. 마호메트가 알라신으로부터 받은 계시를 기록한 책을 『코란』이라고 하지. 이슬람교에서는 사람은 누구나 평등하므로 계급을 없애고 알라신 앞에 모두 복종해야 한다고 주장해. 세계 3대 종교 중의 하나인 이슬람교는 전 세계 4억 이상의 사람들이 믿고 있단다.

반짝반짝 빛나는 세계 문화유산

◀ 둔황의 막고굴
4세기부터 약 1000년 동안 만들어진 중국 둔황에 있는 석굴이란다. 벌집같이 생긴 저 집 모양은 막고굴의 제 96굴인 북대불전이야. 1000여 개의 불상이 있어 천불동이라고도 불린단다.

석굴암 ▶
통일신라 시대에 김대성이 경주 토함산에 바위를 파서 만든 불교 사원이야. 석굴암은 신라 시대 예술품 중에서도 최고의 걸작품으로 꼽혀. 뛰어난 예술성과 아름다움을 자랑하는 석굴암은 세계 문화유산에 등록되어 있지.

◀ 테오티와칸
멕시코에 있는 테오티와칸은 기원전 2세기부터 서기 6세기까지 번성했던 고대 문명의 유적이야. 태양의 피라미드, 달의 피라미드, 죽은 자의 거리 등 이집트의 피라미드에 견줄 만한 웅장한 유적들이 있어.

굉장한걸!

◀ 나스카 평원의 그림
페루의 리마 남쪽에 있는 나스카 평원에는 하늘에서 보지 않으면 알 수 없는 어마어마한 크기의 그림이 그려져 있어. 1세기에서 8세기 무렵에 번성했던 나스카의 유물로 짐작될 뿐 누가 왜 그렸는지는 아직도 수수께끼지.

악숨의 오벨리스크 ▶
에티오피아 북부에 있는 악숨 왕국의 수도에는 오벨리스크와 시바 여왕의 궁전 터 등 많은 유적이 있어. 에티오피아는 아프리카에서 유일하게 독창적인 문화를 가진 나라로 아프리카의 독특한 문화를 살펴볼 수 있단다.

◀ 보로부두르 사원
인도네시아 자바 섬 중부에 있는 세계 최대의 불교 유적지야. 오랫동안 밀림 속에 묻혀 있다가 1814년에 발견되었지. 실내 공간이 없는 수많은 종 모양의 불탑이 세워져 있고 전체 모양 또한 탑 모양을 하고 있단다.

역사를 바꾼 발견과 발명

화약

화약의 발명은 활과 창으로 싸우던 전쟁의 모습을 완전히 바꿔 놓았단다. 맨 처음 화약은 9세기 중국에서 초석, 유황, 숯가루를 섞어 만들었어. 화약을 이용한 무기는 11세기에 와서 만들어진 거야. 유럽에서는 13세기에 로저 베이컨이 화약을 만들었다고 전해진단다. 14세기에는 대포가 등장했고 15세기에는 둥근 모양의 탄환을 사용하기 시작했지. 이후 화약을 사용한 총과 대포가 주요 무기가 됐어. 그리고 점점 더 강력한 폭발력을 가진 무기들이 개발되어 오늘날과 같은 모습으로 발전했단다.

나침반

나침반은 화약과 더불어 중국의 4대 발명품 중 하나야. 처음에는 가벼운 나무에 자석을 붙여 물 위에 띄워서 방향을 알아봤어. 그러다 11세기에 송나라의 심괄이 자침을 명주실에 매달아 사용하는 방법을 개발했지. 나침반은 아라비아를 거쳐 유럽에 전해졌어. 나침반의 발명은 콜럼버스와 마젤란이 활약했던 대항해 시대를 가능하게 했단다.

안경

안경이 없다면 얼마나 불편할까? 안경은 13세기에 이탈리아 베네치아의 유리공들이 처음으로 만들었단다. 오늘날과 같은 안경은 1623년 스페인에서 보급되기 시작했지. 나침반과 화약이 중국에서 발명되어 유럽에 전해진 반면 안경은 유럽에서 발명되어 중국에 전해졌어. 중국 원나라의 황제와 귀족들은 이탈리아에서 안경을 수입해 끼고 다녔단다.

변화의 시기

11세기~14세기

근대의 태동 이야기

안녕? 칭~칭~칭기즈칸~이라는 노래 들어본 적 있지?

내가 그 유명한 칭기즈칸이야! 아시아와 유럽을 정복하고 몽골 제국을 세운 장본인이지.

세계적으로 많은 변화가 있었던 이 시대에 온 것을 환영해. 이 시대에서는 다른 시대에서 볼 수 없었던 것을 많이 보게 될 거야.

유럽에서는 앞서 이야기했던 중세 시대가 이어져 오다가 점점 발전하는 모습을 띠게 돼. 이 시대는 전 시대에 비해 농사 짓는 기술도 발전하고 먹을 것도 풍부해졌어. 사람들은 남은 작물을 내다팔고 장사를 하면서 중세의 담 밖으로 벗어나게 되었지. 하지만 기독교인들과 이슬람교도들의 분쟁인 십자군 전쟁이 일어나 많은 사람들이 다쳤고 흑사병이 돌아 전 세계를 죽음의 공포로 몰고 가기도 했단다.

동양 사람들 역시 이전 시대보다 잘살기 위해 노력했어. 그 노력이 차츰 열매를 맺어서 중국의 송나라, 원나라 시대에는 서민들의 삶이 훨씬 윤택해졌지.

이슬람 교도들이 사는 서남아시아에서는 아랍 사람들 말고도 이란인과 투르크인이 번갈아 가면서 아랍 세계를 지배했어. 물론 나중에는 내가 이끈 몽골족에게 정복당하게 되었지만 말이야.

자, 그럼 이제부터 나와 함께 역사 속으로 떠나 볼까?

또리가 만난 역사 속 인물

칭기즈칸

칭기즈칸은 세계 역사상 가장 커다란 제국을 만들었던 인물이야. 테무친, 철의 남자라는 이름으로 불리기도 하지. 그는 아버지가 다른 부족에 의해 살해되자 어린 나이에 지도자가 되어 부족을 이끌어야 했단다. 비록 글을 읽고 쓸 줄 모르는 문맹이었지만 싸움에 있어서만은 천재적인 소질을 지니고 있었어. 게다가 칭기즈칸이 이끄는 몽골족은 말 타는 기술이 최고였고 이들로 이루어진 기마 부대는 세계 최강이었지. 그는 심리전에도 능해서 적군을 잔혹하게 보복하기로 유명했단다.

살라딘

살라딘은 이슬람 역사상 가장 존경받는 임금이야. 하지만 십자군의 입장에서 보면 가장 힘겨운 상대였을 거야. 살라딘은 어수선했던 이슬람 세계를 통일하고 제2차 십자군 전쟁과 제3차 십자군 전쟁을 승리로 이끌어 예루살렘을 탈환했단다. 살라딘은 십자군에게 관용을 베풀었고 그 외에도 평화를 위해서 많이 노력했어. 늘 베풀며 살았던 살라딘은 죽었을 때 무덤을 만들 돈이 없을 정도로 검소한 삶을 살았단다.

잔 다르크

조국을 구하고도 조국으로부터 버림받은 여인 잔 다르크에 대해 들어본 적 있지? 잔 다르크는 영국과 프랑스 사이에 백년 전쟁이 한창일 때 프랑스 농부의 딸로 태어났단다. 신앙심이 깊었던 그녀는 어느 날 천사로부터 프랑스를 구하라는 말을 듣고 황태자를 찾아갔어. 그러나 정신병자 취급만 받고 말았지. 그럼에도 불구하고 잔 다르크는 함락 직전에 놓인 오를레앙을 구하고 프랑스를 지켜냈단다. 하지만 권력 다툼에 눈이 먼 프랑스 귀족들은 잔 다르크를 영국군에 넘겼어. 그리고 결국 종교재판에서 마녀라고 판결하여 불에 태워 죽였단다. 불쌍한 잔 다르크~

지도로 보는 세계의 근대 태동기

- 흑사병 (14세기 중반)
- 잔 다르크 (프랑스, 1412~1431년)
- 프라하 성 (체코)
- 칭기즈칸의 정복 사업 (13세기)
- 마르코 폴로의 중국 여행 (13세기경)
- 일본 막부의 쇼군
- 런던 탑의 요우맨 (영국)
- 십자군 전쟁 (11~14세기)
- 부하라의 칼리안 탑 (우즈베키스탄)
- 캔터베리 대성당 (영국)
- 베네치아의 산 마르코 광장 (이탈리아)
- 볼로냐 대학 (이탈리아)
- 동방 이슬람 세계를 지배한 아바스 왕조 (750~1258년)
- 고려 시대의 문화유산 팔만대장경, 고려청자 (11~13세기)
- 인도의 힌두교 유적지 마말라푸람 (7세기경)
- 크메르 왕국의 앙코르와트 (12세기 중반)
- 부시먼의 목축
- 에어스록 (오스트레일리아)

변화를 꿈꾸던 세계의 여러 나라

유럽의 여러 나라들

이 시기 유럽에는 많은 나라들이 생겨났어. 북서부 쪽에는 덴마크, 노르웨이, 스웨덴 등이 자리를 잡았지. 또한 영국에는 노르만 왕조가, 프랑스에는 위그카페 왕조가 있었단다. 독일에서는 신성 로마 제국이 만들어졌고, 러시아의 나라들 중 몽골족의 지배에도 불구하고 가장 성장했던 나라인 모스크바 공국도 있었단다.

이슬람 제국

우마이야 왕조가 몰락하고 아바스 왕조가 지배하게 된 이슬람 세계는 화려한 문화를 꽃피웠지. 이슬람 제국의 중심지 바그다드는 유럽과 지중해 그리고 아시아의 모든 물품이 쏟아져 들어오는 국제 무역 도시이자 인구 150만이 넘는 세계 최대 도시였단다.

바그다드의 모스크

몽골 제국

원래 몽골족은 바이칼 호 아래 대초원에서 사는 유목민이었단다. 13세기가 시작될 무렵 테무친이 위대한 지도자 칭기즈칸으로 뽑히면서 서방 원정을 나서기 시작했어. 비단길이 하나의 제국 아래 놓이게 되자 동서 교역이 자연스레 이루어져 유럽과 아시아가 하나로 묶이게 되었단다.

아메리카

북아메리카에서는 호프웰족 같은 미시시피 민족들이 소박한 문명을 만들었고 아나사지나 호호캄과 같은 민족들이 독특한 집과 수도를 사용했단다. 중앙아메리카에서는 아스텍족이 문명을 준비하고 있었고 마야인은 정글 속에서 여전히 황금으로 된 문명을 지키며 살았지. 남아메리카에서는 높게 담 쌓기를 좋아했던 페루의 치무족과 산악 제국을 만든 잉카족이 활약했단다.

우리나라와 이웃 나라

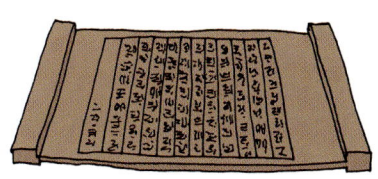

우리나라 쪽으로 눈을 돌려 볼까?

이때 우리나라는 왕건이 고려를 세우고 발전해 나가던 시기란다. 고려는 후삼국을 통일하고 새롭게 체제를 정비했어. 이때 고려청자와 팔만대장경 같은 세계적인 문화유산이 나오기도 했지.

중국은 당나라의 국경을 지키는 절도사들이 권력 싸움을 해서 여러 나라와 지방으로 분열되는 혼란기를 맞이했어. 이때를 5대 10국이라고 해. 이후 절도사 중 한 사람인 조광윤이 5대 10국을 통일해 송나라를 만들었단다. 송나라 때는 경제가 좋아지면서 서민 문화가 꽃피게 됐어. 그러나 송나라는 금나라의 침입을 받고 나중에는 몽골족의 침입을 받아 멸망하고 말았단다. 송나라에 쳐들어온 몽골족은 원나라를 세웠어. 그리고는 고려까지 침략하려 들었으나 뜻대로 되지 않자 고려와 강화를 맺었지.

일본에서는 이 시기에 막부 체제가 들어섰어. 막부는 일본이 문호를 개방하는 19세기까지 일본의 특색 있는 정치 체제가 되었단다.

한편 인도에서는 바르다나 왕조 이후 제국이 분열된 상황에서 이슬람교가 들어와 여러 왕조를 세웠어. 가즈나 왕조, 구르 왕조, 노예 왕조는 인도인을 이슬람으로 바꾸는 데 큰 역할을 했지.

중국 송나라의 자기

당시 서아시아에서는 이슬람 세력이 투르크족의 지배를 받기 시작했어. 투르크족은 원래 우리나라와 중국 북부의 민족이었는데, 떠돌아 다니던 중에 중앙아시아의 아랄 해 서쪽으로 흘러가게 되었단다. 투르크족은 이슬람 전체를 통일했어. 이때를 셀주크족이 이끄는 투르크라고 해서 셀주크 투르크라고 하는데, 십자군과 싸운 사람들이 바로 이 사람들이란다.

알쏭달쏭 궁금한
변화의 시대 이야기

십자군 원정의 목적이 따로 있었다고?

십자군 전쟁이란 하나님을 믿는 서유럽인들이 성지 예루살렘을 찾기 위해 이슬람 교도들과 벌인 전쟁이야. 십자군은 왕과 영주, 상인과 농노, 기사 등 다양한 계급으로 이루어졌는데, 가슴과 어깨에 십자가 표시를 했기 때문에 십자군이라 불러. 십자군의 원래 목적은 성지를 회복하는 것이었지만 사실은 원하는 것이 따로 있었단다. 왕과 영주는 아시아를 점령해 영토를 넓히고자 했고 상인들은 장사를 해 이득을 남기려 했어. 또한 농민들은 지금보다 더 나은 생활을 기대하며 전쟁에 참여했지. 하지만 전쟁은 실패로 끝났어. 기독교의 이미지는 나빠졌고 교황의 권위도 떨어졌지. 왕과 영주들은 전쟁 비용을 갚지 못해 망하고 말았단다. 오직 상인들만 이득을 얻은 셈이지.

마르코 폴로의 『동방견문록』 무슨 내용이었을까?

몽골족이 유럽과 아시아를 잇는 비단길을 다시 열자 큰돈을 벌려는 유럽의 상인들과 포교를 하려는 선교사들이 모여들었단다. 마르코 폴로 역시 상인이었던 아버지를 따라 비단길을 통해 중국에 들어가서 24년 동안 아시아 이곳저곳을 여행했어. 이탈리아로 돌아온 마르코 폴로는 자신의 여행담을 책으로 썼고 이 책은 베스트셀러가 됐지. 하지만 유럽 사람들은 그를 허풍선이 '밀리오네 (Milione, 그가 쓴 책 이름)'라고 부르며 믿지 않았어. 당시 유럽 사람들은 몽골 제국의 거대함과 동방의 발달된 문화를 몰랐던 거야. 하지만 『동방견문록』은 동방에 대한 호기심을 자극해서 세계 각지로 퍼져나갔고 결국 아메리카 대륙을 발견하는 데 결정적인 역할을 했단다.

일본의 막부 정치가 뭐야?

막부란 우리말로 천막이라는 뜻이야. 일본에서는 고대 시대가 끝나고 칼을 잘 쓰는 무사들이 영주를 대신해서 싸웠어. 이 사람들을 사무라이라고 하지. 이들은 점차 힘을 키워 영주를 몰아내고 직접 자신이 영주가 되기도 했단다. 권력을 쥔 사무라이들은 서로 경쟁했고 그중 최고 권력자를 쇼군이라 불렀어. 쇼군은 형식적으로 천황을 보필하면서 나라를 이끌었단다. 막부 체제는 쇼군이 싸움터의 천막에서 정치를 했다고 해서 나온 말이야. 막부 체제는 일본의 독특한 정치 형태라고 볼 수 있단다.

시끌벅적했던 역사 속
그때 그 사건

백 년에 걸쳐 치뤄진 전쟁

프랑스의 왕 샤를 4세가 후세 없이 죽자 프랑스에서는 그의 사촌 형제인 필립 6세를 왕위에 올렸어. 그런데 당시 영국의 왕 에드워드 3세는 자신의 엄마가 샤를 4세의 누나이므로 프랑스 왕까지 하겠다고 주장했어. 이 일이 빌미가 되어 1337년부터 1453년까지 약 백 년 동안 영국와 프랑스 사이에 전쟁이 치뤄졌단다. 프랑스는 군대와 전법이 우수한 영국군에 밀려 궁지에 몰렸지만, 오를레앙에서 갑자기 등장한 잔 다르크 덕분에 싸움에서 승리하게 됐지.

유럽을 공포에 떨게 한 흑사병

대부분의 중세 사람들은 생활이 어려웠단다. 도시에서도 헛간 같은 집에 소와 돼지를 키우고 사는 사람들이 많았어. 그래서 배설물 냄새도 나고 옷도 아주 지저분했지. 이렇게 더러운 환경은 전염병의 온상이 되었단다. 게다가 14세기 초부터 시작된 이상 기후로 농사를 지을 수 없게 되자 사람들은 영양 부족으로 저항력이 떨어졌어. 이때 흑사병이 돌아 약 10년 만에 2천만 명의 유럽 사람들이 죽었단다. 파스퇴르라는 학자가 흑사병의 원인이 쥐벼룩이라는 사실을 발견해내기 전까지 흑사병은 세계에서 가장 무서운 전염병이었지.

아비뇽 교황청

아비뇽 유수의 의미

프랑스 황제가 로마의 교황청을 프랑스의 성 아비뇽으로 옮긴 사건을 말한단다. 교황 보니파키우스 8세는 성직자의 세금 문제와 교황권의 절대 지상주의를 주장하다가 황제 필립 4세에게 붙잡혀 결국 죽고 말았어. 황제는 이후 아비뇽으로 교황청을 옮겨서 교황을 황제의 지배 아래 두었단다. 한때는 황제의 힘보다 강했던 교황의 힘이 약해졌다는 것을 알 수 있는 사건이지.

반짝반짝 빛나는 세계 문화유산

◀ 팔만대장경
고려 시대 때 몽골의 침입을 막기 위해 만든 경판이야. 무려 8만 1258판에 이르는 경판에 부처님의 말씀을 새겨 놓았어.

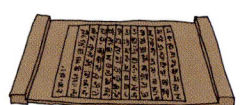

치첸이트사 ▶
멕시코 유카탄 반도 북쪽에 있는 후기 마야 문명의 유적지란다. '쿠쿨칸의 피라미드'로 불리는 이 신전은 365개의 계단으로 이루어져 있고 천문학적인 모양을 하고 있단다.

◀ 런던 탑
11세기에 윌리엄 1세가 런던을 지키기 위해 쌓은 성채로 17세기 초까지 왕궁으로 쓰이다가 이후에는 감옥이나 처형장으로 사용됐어. 지금은 전시실로 쓰이고 있는데 제복을 입고 입구를 지키는 요우맨으로도 유명해.

요우맨

▶산 마르코 광장

13세기부터 18세기까지 무역으로 번성했던 베네치아는 120여 개의 작은 섬들을 400여 개의 다리로 연결해서 만들었어. 베네치아에는 나폴레옹이 이 세상에서 가장 아름다운 곳이라고 칭찬했던 산 마르코 광장 등 역사적 유물이 많이 있단다.

◀캔터베리 대성당

캔터베리는 잉글랜드 남동쪽 켄트 주에 있는 도시로 6세기 말부터 영국 교회의 중심지가 되었어. 캔터베리 대성당은 11세기 말에 지어진 것으로 중세 영국인들의 정신적인 지주였지. 지금도 순례자들의 발길이 이어지고 있단다.

▼앙코르와트

12세기와 15세기에 번영을 누렸던 크메르 왕국의 수도 앙코르에 세워진 힌두교 사원이야. 12세기 초 약 30년에 걸쳐 지어졌으며 세계적으로 가장 위대한 건축물 중 하나로 꼽히지.

역사를 바꾼 발견과 발명

금속 활자

지난 천 년 동안 인류 역사에 가장 큰 영향력을 끼친 것으로 구텐베르크의 금속 활자와 인쇄술을 꼽는단다. 그런데 우리나라에서는 그보다 70년이나 빠른 1377년에 금속 활자를 사용해서 세계 최초로 책을 만들었어. 지금은 파리 국립 박물관에 보관되어 있는 『직지심체요절』이라는 책이 바로 그거야. 2001년 『승정원일기』와 함께 유네스코 세계 기록문화유산으로 등록되었단다.

시계

정확한 시간을 안다는 건 매우 중요한 일이야. 그래서 옛날 사람들도 해시계, 물시계, 모래시계 등 자연 현상을 이용한 시계를 만들었어. 그러다가 정확한 시간을 알 수 있는 기계로 된 시계를 만들었단다. 기계로 작동되는 시계 중 지금까지 남아 있는 것으로는 1364년 프랑스 왕 샤를 5세가 독일의 기술자인 H.드비크에게 시켜 만든 것으로, 높이가 3m나 돼. 그 후 도시마다 높은 탑에 시계를 만드는 것이 유행이 되었단다.

은행

인류 역사상 최초로 은행 업무가 시작된 때는 고대 바빌로니아 시대까지 거슬러 올라갈 수 있어. 그러나 오늘날과 같은 은행은 13세기 중엽 전쟁을 피해 영국으로 건너간 금 세공업자들에 의하여 형성되었단다. 금 세공업자들은 사람들이 맡긴 귀금속을 안전하게 보관해 주고 필요할 때 되돌려 주게 되었지. 이들이 발행한 보관증서는 오늘날의 현금이나 수표와 같이 물건을 사고파는 데도 쓰이게 되었단다. 나중에는 돈도 빌려 줌으로써 은행의 대출과 같은 기능도 하게 되었지.

새로운 시기

14세기~16세기

근대 사회 이야기

안녕? 나는 레오나르도 다빈치야. 내 이름 한 번쯤은 다들 들어봤지?

근대 사회로 온 것을 환영해. 이제부터 답답한 중세의 봉건 사회를 벗어나 한층 더 성장한 시대가 펼쳐지게 될 거야. 놀라운 변화가 이루어지고 활기찬 움직임이 가득한 이 시대를 마음껏 느껴 보길 바란다.

근대 사회는 비잔틴 제국이 무너지면서 시작되었어. 중세의 긴 터널에서 빠져나와 반짝이며 다가온 또 다른 세계라고 할 수 있지. 너무 시적인 표현인가? 아무튼 중세의 사람들이 새로운 세계로 향하는 싹을 틔워 놓았다면 근대 사회의 사람들은 그것을 바탕으로 꽃을 피웠다고 할 수 있어.

중세 말 이탈리아의 도시들이 동방 무역으로 부유해지면서 르네상스라고 하는 문화의 바람이 서서히 불어왔어. 또한 지구가 둥글 것이라고 생각했던 사람들은 항해를 하면서 새로운 땅을 발견하게 되었지. 상인들은 봉건 제도에서 벗어나 자유로운 도시를 만들어 나갔어. 한편 세금을 걷어 돈을 벌게 된 이 시기의 왕들은 큰 궁정을 짓고 호화스러운 생활을 했지. 또 중세 사회에서 교황의 횡포에 혹사당하던 사람들은 교황의 거짓말을 알아채고 종교 개혁을 통해 새로운 종교를 만들었단다.

자, 이 시대에도 많은 일이 있었지? 그럼 우리 이제부터 근대 사회 곳곳을 탐험해 볼까?

또리가 만난 역사 속 인물

레오나르도 다빈치

눈썹 없는 여인이 웃고 있는 그림 본 적 있지? 그 유명한 〈모나리자〉를 그린 사람이 바로 레오나르도 다빈치야. 그는 건축, 천문학, 지질학, 생물학, 수학, 발명 등등 일일이 말하기 어려울 정도로 모든 방면에 뛰어났던 천재였어. 레오나르도 다빈치는 우리 몸 속에 피가 흐르고 있다는 사실을 유럽에서 처음으로 알아냈고 정교한 인체 해부도를 만들기도 했지. 그뿐 아니라 잠수함, 헬리콥터, 비행기 등 수백 년 뒤에야 가능했던 여러 가지 기계들을 직접 설계하기도 했어. 그의 정확한 관찰과 실험에 의한 연구 방법론은 과학 발전에 큰 영향을 끼쳤단다.

콜럼버스와 마젤란

새로운 세계는 새로운 생각을 실천으로 옮긴 사람에 의해서 열린단다. 모든 사람들이 지구가 평평하다고 생각하던 시대에 콜럼버스와 마젤란은 지구가 둥글다고 생각했어. 이들은 그것을 증명하기 위해 아무도 하려고 하지 않는 위험한 모험을 감행했지. 콜럼버스는 대서양을 건너 아메리카 대륙을 발견했고 마젤란은 태평양을 건너서 세계 최초로 지구를 한 바퀴 돌았단다. 콜럼버스는 세 차례나 대서양을 건너 아메리카 대륙에 다녀왔지만 마젤란은 태평양을 건너 필리핀에 도착해 원주민과 싸우다 죽고 말았지. 다행히도 배 한 척이 지구를 한 바퀴 돌아 스페인에 옴으로써 지구가 둥글다고 믿었던 마젤란의 생각이 옳았다는 것을 증명해 주었단다.

정화

정화는 명나라 영락제 때 사람인데, '동양의 콜럼버스'라고도 불리지. 정화는 영락제의 명을 받고 함대를 꾸려서 중국 남쪽 먼 바다를 탐험했어. 1405년부터 1433년까지 일곱 차례나 원정을 했는데 62척의 함대에 장병 2만 7000여 명이 나누어 타고 갔단다. 정화가 이끄는 함대는 남아시아뿐만 아니라 인도, 사우디아라비아, 아프리카까지 다녀왔어. 정화의 원정은 명나라의 위상을 드높이고 무역상의 이익을 얻는 데 기여했단다.

지도로 보는 세계의 근대 사회

- 성바실리 대성당 (러시아)
- 이반 4세의 활약 (러시아, 1530~1584년)
- 루터의 종교 개혁 (16~17세기)
- 알람브라 궁전 (에스파냐)
- 로네상스 (14~16세기)
- 활판 인쇄술의 발달
- 티무르 제국의 수도 사마르칸트 유적
- 이순신 장군과 임진왜란(16세기)
- 로마의 성베드로 성당 (이탈리아)
- 티무르 군의 활약
- 오스만 투르크 제국 (1299~1920년)
- 이스파한 이맘 사원 (이란)
- 명나라의 자금성 (중국, 명·청 시대)
- 마젤란과 원주민
- 유럽인들의 코끼리 상아 약탈
- 유럽인들의 노예 사냥
- 명나라 무장 정화의 원정 (15세기)
- 짐바브웨 돌로 된 집

새로운 시대로 향하던 세계의 여러 나라

포르투갈

포르투갈은 원래 에스파냐의 옛 나라인 카스티야로부터 독립한 나라야. 중세가 끝날 무렵 동방에 대한 호기심을 가진 모험가들 덕에 빨리 해외로 진출할 수 있었지.

에스파냐

에스파냐는 지중해 바깥으로 튀어나온 반도에 있는 나라야. 에스파냐는 콜럼버스에 의해 발견된 아메리카를 차지했고 멕시코와 페루에서 은광을 가져갔단다. 식민지 경영으로 부유했던 에스파냐는 돈을 흥청망청 쓰다 결국 다시 가난해지고 말았지.

오스만 투르크

셀주크 투르크에 의해 지배를 받던 이슬람 세계는 다시 몽골족의 지배 아래 놓이게 되었어. 그러나 몽골이 망한 후 조용히 힘을 키운 오스만이 다시 이슬람 세계를 지배하게 되었단다. 이 나라를 오스만 투르크라고 해. 오스만 투르크 제국은 동로마를 무너뜨리고 유럽, 아시아, 북아프리카에 이르는 대제국을 건설했단다.

아스텍 문명

아스텍 문명은 13세기에서 16세기쯤 멕시코 지역에서 발달한 문명인데 사람을 제물로 바치는 풍습이 있었어. 태양에 심장을 바쳐야 세상이 멸망하지 않는다고 믿었기 때문이란다.

잉카 문명

잉카는 백성들을 위한 여러 가지 제도를 잘 마련한 나라였어. 잉카 최후의 도시였던 마추픽추에는 아주 정교한 돌 건축물이 만들어져 있단다.

잉카 최후의 도시 마추픽추

우리나라와 이웃 나라

몽골 제국이 무너지고 난 다음 중국에는 명나라가, 우리나라에는 조선이 세워졌단다.

우리나라는 1392년에 이성계가 고려를 무너뜨리고 조선이라는 새로운 나라를 세웠어. 조선은 한양을 도읍으로 하고 유교를 중심으로 한 중앙 집권의 양반 관료 체제를 갖춘 나라였지. 세조부터 성종까지 『경국대전』이라는 법전을 만들어 나라를 다스리기 시작했고, 그 후 200년간 평화로운 시대가 계속되었어. 특히 세종대왕 때는 과학 기술을 장려하고 한글을 만들어 국가의 기반을 잘 다졌단다.

유럽 사람들이 황금을 찾아 세계 곳곳을 항해하며 이리저리 헤맬 때 중국 명나라에서는 정화라는 사람이 수십 척의 배를 이끌고 인도양을 거쳐 아프리카까지 다녀왔단다. 이들은 황실에서 필요한 물건을 사기도 하고 중국의 위력을 세계에 알리기 위해 항해를 했지.

유럽의 상인들은 동방에서만 구할 수 있는 향료와 비단, 자기, 면화, 설탕 같은 무역품의 값을 치르기 위해 라틴아메리카의 은광을 거의 통째로 실어 와야 했어.

명나라는 중화사상에 입각해서 이웃 나라와 관계를 맺으려 했어. 자신들이 세계의 중심이기 때문에 다른 나라가 자신들을 따라야 한다고 생각했지. 중국은 다른 나라들이 대우를 해 주고 조공을 바쳐야 평화로운 관계를 유지했단다. 이런 상황은 명나라가 망하기까지 꾸준히 계속되었지.

한편 일본에서는 무로마치 막부가 만들어졌단다. 그러나 무로마치 막부는 그리 강력하지 못했고 이어진 쇼군의 쟁탈로 인해 혼란스러운 전국 시대가 펼쳐지게 되었지. 나중에 전국을 통일한 도요토미 히데요시는 1592년에 우리나라를 침입해서 임진왜란을 일으켰단다.

알쏭달쏭 궁금한 근대 사회 이야기

유럽 사람들은 아메리카를 발견하고 나서 어떻게 했어?

아메리카 대륙을 발견할 무렵 유럽의 상인들은 동방 무역으로 부자가 되었지만 유럽 전체로서는 손해를 보는 장사였어. 중국의 비단, 자기, 차에 비길 만한 물건이 유럽에는 없었기 때문이야. 중국 물건과 교역할 만한 마땅한 물건이 없자 은과 바꾸었는데, 은도 바닥이 나자 어려움을 겪었단다. 이런 상황에서 아메리카 대륙의 은은 그야말로 마른 가뭄에 내리는 단비와도 같았단다. 유럽은 아메리카에서 은을 캐내어 중국과 인도의 무역품과 바꾸었어. 에스파냐와 포르투갈 사람들은 아스텍, 마야, 잉카 제국을 삽시간에 무너뜨리고 그곳 사람들을 노예로 부렸어. 영국과 프랑스는 북아메리카로 흘러들어 원주민 인디언들을 몰아내고 자신들의 땅을 개척해 나갔단다. 유럽인들은 또 아메리카의 부족한 노동력을 채우기 위해 아프리카 흑인들을 붙잡아서 아메리카로 팔기도 했어. 원주민들은 자신들이 수천 년간 살았던 땅에서 침략자들의 노예가 되어 고통스럽게 살아야만 하는 운명에 처하게 되었단다.

임진왜란은 조선, 중국, 일본에 어떤 영향을 끼쳤을까?

임진왜란은 일본의 도요토미 히데요시가 먼저 명나라를 침입할 목적으로 우리나라에 쳐들어오면서 시작되었단다. 그러나 이 7년간의 전쟁에서 패한 일본은 자기네 나라로 돌아가 안으로는 군대를 정비하고 밖으로는 문을 걸어 잠갔어. 명나라는 조선을 도와 일본을 칠 목적으로 해군을 보냈는데 그 사이 국력이 약해져 북의 여진족에게 정복당하고 말았단다. 우리나라는 임진왜란 이후 나라가 황폐해진 데다 여진족의 침입을 받아 살림이 더 어려워졌어. 하지만 농사 짓는 기술을 발달시키고 경제를 살려내면서 위기를 극복해 나갔지.

세상을 바꾼 역사 속 그때 그 사건

예술의 부활, 르네상스

르네상스는 학문과 예술이 다시 태어난다는 의미를 갖고 있단다. 중세의 신 중심 사상을 거부하고 고대의 그리스·로마 문화를 본받아 새 문화를 만들어내고자 한 운동이야. 인간을 중심으로 개인의 생각을 마음껏 펼치려고 한 르네상스 운동은 사상·문학·미술·건축 등 여러 방면에서 나타났단다. 14세기 후반부터 15세기 전반에 걸쳐 이탈리아에서 시작된 르네상스는 프랑스, 독일, 영국 등 북유럽 지역에 전파되었어. 근대 유럽 문화 형성의 바탕이 되었다고 할 수 있지.

타락한 종교를 바꾸려는 움직임, 종교 개혁

기독교는 로마 황제가 인정한 후에 거의 천 년 동안 유럽의 정신적인 지주였고 때로는 왕보다 더 큰 권력을 갖기도 했단다. 기독교가 이렇게 힘이 크다 보니 성직자들은 점차 타락하기 시작했어. 성직자들은 아무리 죄를 지어도 모든 죄가 용서된다는 면죄부를 팔아 더 많은 돈을 긁어모으려 했지. 여기에 반발한 루터가 교황과 교회에 정면 도전한 것이 종교 개혁의 시작이었어. 종교 개혁은 삽시간에 유럽으로 퍼져나가 큰 파장을 일으켰단다.

힘이 센 왕과 절대국가

십자군 전쟁으로 영주들과 기사 계급이 몰락하고 도시의 상인들이 새롭게 힘 있는 계급으로 등장하면서 유럽에서는 또 다른 시대가 열리기 시작했어. 도시의 큰 상인들은 국왕에게 세금을 내고 자신들을 지켜 달라고 했고 왕은 도시의 세금으로 군대와 관리를 조직해서 나라를 다스렸단다. 국왕은 상인들을 보호하고 무역을 늘려서 돈을 벌었지. 또 해외에 식민지를 만들고 국내 산업을 통제하기도 했단다. 영국의 엘리자베스 1세와 프랑스의 루이 14세가 이때의 대표적인 왕이야.

반짝반짝 빛나는 세계 문화유산

◀이스파한의 이맘 사원

이란 중부에 있는 옛 도시로 16세기 사파비 왕조의 수도였어. 이맘 광장을 중심으로 많은 이슬람 건축물들이 남아 있지. 푸른색 타일로 장식된 이맘 사원은 이슬람 사원의 걸작으로 꼽힌단다.

알람브라 궁전▶

세계에서 가장 아름다운 건축물 중 하나인 알람브라 궁전은 14세기에 이슬람 왕국의 궁전으로 지어졌어. 건축과 장식이 모두 화려하고 아름다워 이슬람 예술의 최고 걸작으로 평가되고 있지. 사진에 보이는 곳은 궁전 안에 있는 헤네랄리페 별궁이야.

◀피렌체 역사 지구

르네상스를 탄생시키고 꽃피운 도시 피렌체에는 도시 전체가 거대한 박물관이라고 해도 좋을 만큼 르네상스 시대를 대표하는 건축물들이 많이 남아 있어. 산타마리아델피오레 대성당을 비롯해 베키오궁과 조토의 종탑 등이 유명하지.

◀ 자금성
중국 베이징에 있는 명나라와 청나라의 궁성이었던 자금성은 동서 750m, 남북 960m로 방이 자그만치 9천 개나 된단다. 중국에서 가장 큰 목조 건물이지. 지금은 고궁 박물관으로 쓰이고 있어.

모스크바의 크렘린궁과 성바실리 대성당 ▶
크렘린궁은 15세기 후반에 지은 궁전으로 길이 2235m에 이르는 성벽으로 되어 있단다. 그 안에는 많은 건물과 성당을 비롯해 세계에서 가장 큰 종과 보물이 있지. 크렘린궁 동쪽의 붉은 광장에는 아홉 개의 돔을 가진 붉은색의 성바실리 대성당이 있단다.

역사를 바꾼 발견과 발명

코페르니쿠스와 지동설

옛날 사람들은 태양을 비롯한 별들이 지구 주위를 돈다고 생각했어. 이것을 하늘이 움직인다고 해서 천동설이라고 해. 그런데 폴란드의 천문학자인 코페르니쿠스는 태양이 지구를 도는 것이 아니라 지구가 태양을 돈다는 지동설을 주장했어. 코페르니쿠스의 지동설은 그때까지의 세계관을 완전히 뒤집어 놓은 것이어서 지금도 무언가 획기적인 변화를 말할 때 '코페르니쿠스적 전환'이라고 한단다.

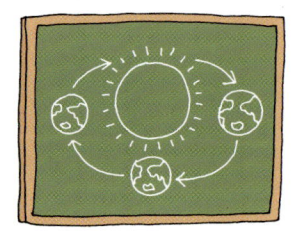

인쇄술

인쇄술이 발달하기 전에는 책을 만들 때 일일이 손으로 베껴야 했어. 엄청 불편했겠지? 금속 활자가 만들어지기 전에는 나무에 글씨를 파서 인쇄를 했는데 선명하지도 않고 수명도 짧았어. 금속 활자가 만들어진 후에는 한꺼번에 많은 책을 찍어낼 수 있었고 따라서 많은 사람들이 책을 싼값에 사서 볼 수 있게 되었지. 인쇄술의 발달은 인류 역사를 빛내 준 값진 발명이란다.

망원경

최초로 망원경을 만들었다고 기록된 사람은 1608년에 네덜란드의 안경을 만드는 장인 리페르세이란다. 리페르세이는 아이들이 렌즈 두 개를 가지고 노는 것을 보고 망원경을 만들었다고 해. 이 소식을 들은 갈릴레이는 곧바로 같은 모양의 것을 만들어서 목성에 원반이 있다는 사실과 달이 울퉁불퉁하다는 사실, 태양에 흑점이 있다는 사실을 알아냈단다. 망원경이 만들어지면서 먼 우주까지도 볼 수 있게 되었고 천문학도 획기적으로 발전하게 되었지.

현미경

망원경 없이 우주를 내다보는 것이 불가능하듯 현미경 없이는 우리 몸의 세포들을 살펴볼 수 없었을 거야. 현미경은 눈으로는 도저히 볼 수 없는 아주 작은 것들을 확대해서 볼 수 있게 해 주었단다. 오늘날의 생명공학이 발전하기까지 현미경이 톡톡히 한몫을 했지.

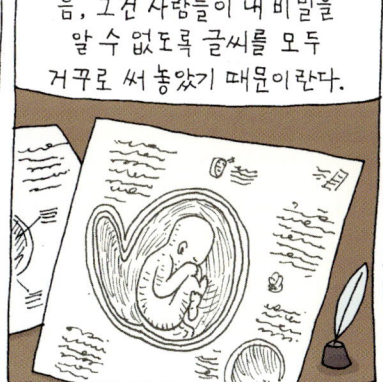

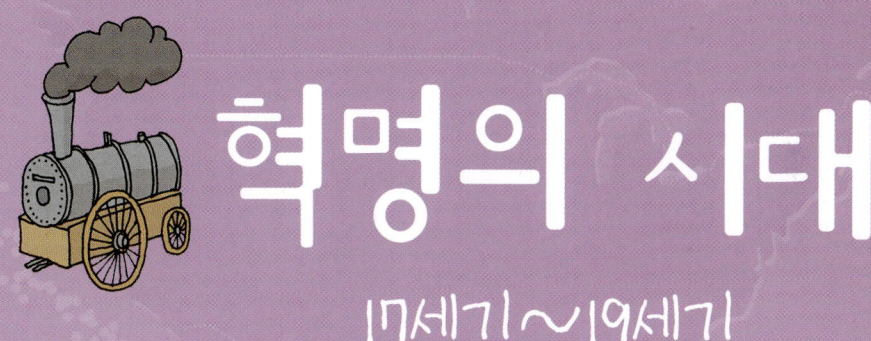

혁명의 시대

17세기~19세기

혁명의 시대 이야기

안녕? 혁명의 시대에 온 것을 환영해. 나는 나폴레옹이야. 만나서 반가워.

그런데 '혁명'이란 말이 무슨 뜻인지 아니? 혁명은 기존에 있던 것을 깨고 새로운 것으로 급격하게 세우는 일을 말해.

그렇다면 이 시대를 왜 혁명의 시대라고 하는지 알아볼까?

지금까지는 세계 여러 나라 사람들이 왕이나 귀족과 같이 힘 있는 사람의 지배를 받고 살았어. 그러다가 그들의 횡포가 심해지자 그들을 쫓아내고 자신들의 권리를 찾으려 노력했지. 지난 시대에서부터 점차 재산과 권력을 쌓아가던 상인들과 일반 시민들은 힘을 합해서 왕을 내쫓고 국민을 위한 정치를 하기 시작했단다. 오늘날 우리가 누리고 있는 민주주의가 이 시대에 시작된 거야.

이 시기 영국에서는 왕이 독재적인 힘을 갖지 못하도록 법을 만들어서 그 법에 의해 나라를 다스렸어. 이것을 입헌 군주제라고 해. 프랑스에서도 시민들이 나서서 정치를 하기 시작했단다. 또한 이 시기에는 미국이 영국의 지배에서 벗어나 독립을 했지.

또 하나 중요한 것! 바로 유럽에서 산업 혁명이 일어나 기계로 모든 것을 만들기 시작했다는 거야. 정말 이 시기에 세계는 피가 끓는 젊은이처럼 온통 변화와 발전을 향해 나아가고 있었단다. 정말 혁명의 시대라고 할 만하지?

그럼 지금부터 나를 따라와. 내가 혁명의 시대 곳곳을 잘 안내해 줄게.

또리가 만난 역사 속 인물

나폴레옹

"내 사전에 불가능은 없다!"라고 큰소리치며 유럽을 공포에 떨게 했던 사나이 나폴레옹. 그가 비록 키는 작았지만 꿈은 굉장히 큰 사람이었단다. 프랑스 식민지 코르시카 섬에서 태어난 나폴레옹은 수많은 전투를 승리로 이끌어 프랑스의 영웅이 되었고 마침내 황제의 자리까지 오르게 되었지. 그러나 결국은 워털루 전투에 패한 후 작은 섬에 유배되어 삶을 마감해야 했단다.

나폴레옹(1769~1821년)

조지 워싱턴

워싱턴은 미국의 독립 전쟁을 승리로 이끈 뛰어난 장군이었어. 17세기 초반 영국은 아메리카를 자기들의 식민지라고 생각하고 있었기 때문에 부당한 세금을 강요했어. 견디다 못한 사람들은 독립 혁명군을 만들고 총사령관에 조지 워싱턴을 임명했단다. 탁월한 지도력을 갖춘 워싱턴은 독립 혁명군을 이끌어 영국군을 몰아내고 마침내 독립을 이루었어. 그 결과 조지 워싱턴을 초대 대통령으로 하는 미국이 탄생하게 된 거야.

비스마르크

비스마르크는 철혈 재상으로 불리지. 그가 없는 오늘의 독일은 생각할 수 없어. 국왕 빌헬름 1세와 의회가 대립하던 때 재상이 된 비스마르크는 의회의 반대를 무릅쓰고 군대를 더 강하게 해서 독일의 통일을 이루었단다. 그 후 그는 경제를 일으키고 국력을 보강해 프랑스와 오스트리아 사이에서 흔들리던 독일을 강력한 나라로 만들었지. 그리고 나라 간의 분쟁에도 공정한 중재자로 나서는 등 국제 평화에 이바지했단다.

새 시대를 맞이한 세계의 여러 나라

미국

가톨릭을 믿었던 영국에는 종교 개혁 이후 개신교를 믿는 사람들이 늘어나기 시작했어. 많은 가톨릭인들이 개신교인들을 괴롭히자 개신교인들은 메이플라워 호라는 배를 타고 대서양을 건너가서 북아메리카를 개척해 나갔지. 영국의 식민지였던 북아메리카 대륙은 1776년에 독립해서 지금의 미국이 되었단다.

러시아

러시아는 표트르 대제 이후에 끊임없이 영토를 넓혀 세계에서 가장 넓은 나라가 되었단다. 표트르 대제는 수도를 상트페테르부르크로 바꾸어 서구 유럽의 문물을 받아들이고 개혁을 실시했어. 이때를 로마노프 왕조 시대라고 하지. 이 시기에 왕들은 계속 국력을 키우기 위해 노력했단다.

이탈리아

이탈리아는 중세 이후 여러 나라로 나뉘어져 있다가 프랑스 대혁명 이후 점차 나라를 통일하려는 움직임이 일기 시작했어. 사르데냐 왕국의 재상 카보우르와 시칠리아의 가리발디가 흩어져 있던 나라들을 모아 이탈리아라고 하는 하나의 국가를 탄생시켰단다.

독일

독일은 각각의 영주들이 강력한 권한을 지니고 있어서 통일을 이루기가 쉽지 않았어. 그러다가 프랑스에서 여러 차례 혁명이 일어나자 독일에서도 나라를 하나로 뭉쳐야 한다는 생각이 일기 시작했지. 총리 비스마르크에 의해 통일을 완성하게 된 독일은 오스트리아와 프랑스에 대항한 전쟁에서 승리하고 독일 제국을 만들었단다.

우리나라와 이웃 나라

서구 열강에서 혁명이 일어나고 산업 발전이 이루어지고 있을 때 동양은 세계의 변화를 깨닫지 못하고 우물 안에만 갇혀 있었어.

우리나라는 임진왜란 후 영조와 정조 시대를 맞아 차츰 안정을 찾아갔단다. 힘든 상황을 이겨내려고 백성들이 열심히 노력한 덕분이었지. 농사 짓는 기술이 발달하면서 곡식을 많이 생산하게 되었고 먹고 남은 음식을 내다 팔면서 상업도 차츰 발전하게 되었어. 사람들은 판소리나 탈춤, 만화와 같은 서민 문화를 즐기기도 했단다. 하지만 조선 말기로 접어들면서 정치적으로 혼란스러운 시기를 겪게 되었어.

중국에서는 여진족이 청나라를 세웠어. 서쪽으로 영토를 확장해서 지금의 국경을 만들었고 내부적으로도 발전을 이루었지.

한편 일본은 임진왜란 이후 오랫동안 다른 나라와 교류하지 않으면서 조용히 문을 닫고 있었어. 일본은 도쿠가와 이에야스가 에도 막부를 세운 후 약 250년 동안 철저히 통제하면서 살았단다. 그 후 18세기 후반 무렵 찾아오는 서구 열강의 통상배를 거절하다가 결국은 미국에 의해 강제로 문을 열게 되었지. 일본의 무사들은 에도

메이지 유신 때 국왕이 도쿄에서 교토로 이동하는 모습
출처 : 1869년 2월 20일자 『Le Monde Illustre』

막부를 싫어해서 난을 일으켰고 국왕을 중심으로 메이지 유신이라는 개혁 정책을 실시했어. 그 후 일본은 서구 열강을 쫓아가기 위해 나라의 모든 제도와 체제를 서양식으로 바꾸고 근대화를 이룩했단다.

유럽의 여러 나라들은 서남아시아와 유럽에 걸쳐 대제국을 건설했던 오스만 투르크 제국의 힘이 약해지는 것을 틈타 본격적으로 아시아 쪽에 손길을 뻗었어. 물건을 팔고 회사를 세워 이익을 얻으려 했을 뿐 아니라 식민지로 만들려는 수작도 부렸지. 그리하여 인도 쪽으로는 영국이 영향력을 행사하기 시작했고 인도차이나 반도 쪽으로는 프랑스가 식민지를 만들기 시작했단다.

알쏭달쏭 궁금한
혁명의 시대 이야기

영국에선 어떤 혁명이 일어났을까?

영국에서는 두 차례 혁명이 일어났어. 첫 번째는 자기 마음대로 정치를 했던 찰스 1세를 죽이고 의회 중심 세력이 정치를 시작하게 된 청교도 혁명이란다. 후에 명예 혁명이 일어났는데, 이 혁명으로 왕에게는 대표자의 권한만 주고 실질적인 통치는 의회에서 하는 입헌 군주제가 실시되었단다.

1789년 바스티유 감옥 습격

프랑스에서도 대혁명이 일어났다고?

프랑스의 왕과 귀족들은 사치와 향락에 빠져 국민에게 지나치게 많은 돈을 많이 거둬들였어. 이를 견디다 못한 시민들은 시내의 요새이자 정치적인 범죄를 저지른 사람들을 가둬두는 바스티유 감옥을 습격했어. 각지에서 격렬하게 투쟁한 끝에 결국은 왕을 몰아내고 시민들이 정치를 하는 공화정이 시작되었지.

미국이란 나라는 어떻게 세워졌을까?

종교의 자유를 찾아 영국에서 미국으로 건너온 청교도인들은 성실하고 검소했어. 원주민인 인디언들과의 싸움에서 이긴 이들은 미국 전체에 걸쳐 거대한 땅을 개척하고 영국과 독립 전쟁을 벌여 자신들만의 독자적인 정부를 세웠지. 자유롭고 민주적인 방식으로 만들어진 정부는 국민들이 행복하게 살 수 있도록 도와주었단다.

세상을 뒤흔든 역사 속 그때 그 사건

영국 혁명과 프랑스 혁명의 다른 점

영국의 혁명은 조용히 진행되었단다. 영국은 에스파냐의 무적 함대를 물리치고 세계 제일의 무역국으로서 전성기를 누렸어. 시민들은 삶이 풍요로워지자 자신감을 갖게 되었지. 의회를 차지할 정도로 힘이 컸던 시민들은 왕에게 자신들의 의견을 자유롭게 내놓았고 왕은 그들의 말을 들어줄 수밖에 없었단다. 반면 프랑스는 왕과 귀족들의 힘이 워낙 강했어. 그들은 시민들에게 세금을 가혹하게 거둬들였지. 결국 분노에 찬 프랑스 시민들은 혁명을 일으켰단다.

미국 독립 전쟁의 원인이 된 보스턴 차 사건

영국은 경제가 어려워지자 북아메리카의 식민지에서 세금을 많이 거둬들였단다. 이에 미국 식민지 주민들은 항의하는 뜻으로 보스턴에 들어온 영국 배에 침입해 그 안에 실려 있던 차를 전부 바다에 빠뜨렸어. 이 사건을 시작으로 미국은 힘을 모아 독립 전쟁을 벌였고, 마침내 승리해서 영국인들을 자신들의 땅에서 모두 몰아냈단다.

엄청난 변화를 가져온 산업 혁명

떠돌아다니던 인류가 농사를 지으며 정착 생활을 하기 시작한 것도 혁명적인 변화라고 이야기했었지? 이후 수천 년 동안 사람들은 땅을 가꾸고 거기서 나온 식량을 먹으며 살았단다. 그러다가 산업 혁명이 일어나자 사람들은 공장에서 기계를 다루며 돈을 벌게 되었어. 공장이 있는 곳으로 많은 사람들이 몰려들면서 오늘날 같은 큰 도시가 만들어졌고, 각종 산업이 크게 발전하는 계기가 되었단다. 영국에서 시작한 산업 혁명은 유럽 전체로 퍼져나갔고 세계의 경제는 급속히 성장하게 되었지.

유럽 여러 나라들의 식민지 건설

산업 혁명 이후 공장이 많이 들어서면서 유럽 사람들은 재료를 싸게 구할 수 있고 물건을 많이 팔 수 있는 곳을 찾게 되었어. 그래서 세계 여기저기로 돌아다니기 시작했지. 그중에서 유럽에 비해 힘이 약한 아시아나 아프리카를 점령해서 자신들의 식민지로 만들려고 했단다. 그래야 자기들 마음대로 이용할 수 있으니까. 너무 이기적이지?

반짝반짝 빛나는 세계 문화유산

◀닛코 도쇼궁
도쿠가와 이에야스를 모신 사당인 도쇼궁은 근세 초기 일본의 건축을 대표하는 호화로운 건축물이야. 닛코에는 도쇼궁 외에도 유서 깊은 건축물들이 많이 있단다.

베르사유 궁전▶
루이 14세 때 완공된 프랑스의 베르사유 궁전은 세계에서 가장 호화로운 궁전으로 유명해. 화려하게 장식된 내부와 함께 자연 경관과 조화를 이룬 정원이 매우 근사하지.

베르사유 궁전 내부 거울의 방

◀수원 화성
조선 시대 정조 임금이 아버지 사도세자의 묘를 수원으로 옮긴 뒤 지은 성이야. 다산 정약용이 설계한 기중기 등을 이용하여 과학적으로 지은 조선 후기의 대표적인 건축물이지.

해적을 피하고 싶어서~🎵

◀엘모로 요새

쿠바의 하바나는 에스파냐의 식민 도시로 건설되어 17~18세기에 노예 무역과 사탕수수 재배로 번성했어. 옆의 사진은 당시 해적을 막기 위해 지었던 엘모로 요새란다.

◀타지마할

무굴 제국의 수도 아그라에 있는 흰 대리석 건물로 무굴 제국 5대 황제 샤 자한이 사랑하는 왕비의 죽음을 슬퍼하며 왕비의 묘로 지은 거야. 나중에 샤 자한도 왕비 곁에 묻혔지. 인도·페르시아 양식의 대표적 건축물로 유명해.

역사를 바꾼 발견과 발명

뉴턴과 만유인력의 법칙

왜 사과는 나무에서 떨어질까? 왜 물은 높은 곳에서 낮은 곳으로 흐를까? 이렇게 모두가 당연하다고 여겼던 것을 뉴턴은 지나치지 않았어. 모든 물체에는 끌어당기는 힘이 있고 그 힘은 무게에 비례한다는 것을 밝혀냈지. 뉴턴은 수학과 과학 분야에 많은 공헌을 했어. 그래서 그를 가리켜 근대 과학의 선구자라고 부른단다.

다윈의 진화론

세상의 수많은 생물들은 다 어디서 온 것일까? 중세까지만 해도 사람들은 당연히 하나님이 창조한 것이라고 믿었단다. 그런데 다윈은 모든 생물이 오랜 세월을 거쳐 조금씩 진화한다고 주장했지. 기독교에서는 이에 대해 아주 극심하게 반발했어. 하지만 결국 다윈의 진화론은 생물학뿐만 아니라 다른 모든 학문과 사상에 큰 영향을 미쳤단다.

방적기와 방직기

옛날에는 옷이 참 귀했단다. 옷감을 만드는 일이 너무 어려웠기 때문이야. 일일이 손으로 물레를 돌려 한 올 한 올 짜야 했거든. 1769년 영국의 기술자 아크라이트가 실을 뽑아내는 방적기를 발명했고, 이후 천을 짜는 좋은 방직기도 개발됐어. 방적기를 이용해 값싸고 질 좋은 옷감이 만들어지니까 직접 물레를 돌려 옷감을 만들던 사람들은 이제 돈을 주고 사입게 되었지.

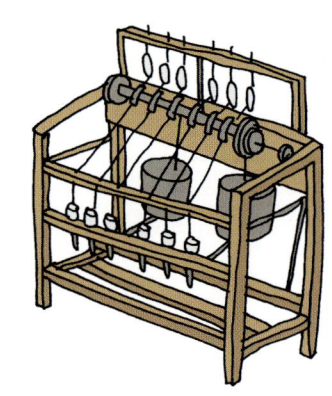

증기 기관

먼 옛날부터 사람들은 물, 바람 등 천연자원을 이용해서 에너지를 얻었단다. 하지만 이런 것들은 변화무쌍해서 이용하기가 불편했어. 그러던 중 영국의 제임스 와트라는 사람이 증기의 열을 이용해 에너지를 만드는 증기 기관을 발명한 거야. 증기 기관이 사용되면서 큰 공장이 세워졌고 짧은 시간에 더 많은 물건을 생산할 수 있었어. 이로써 산업 혁명이 본격적으로 시작되었단다.

알뜰한 또리
보스턴 앞바다의 홍찻물을 퍼마시다

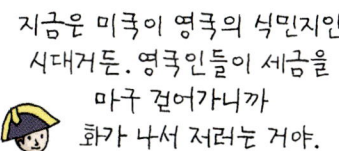

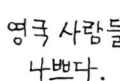

전쟁의 시대

19세기~20세기

전쟁의 시대 이야기

안녕? 나는 안네 프랑크야. 잠깐 내 소개를 할까?

나는 1929년에 독일 유대인 가정의 둘째 딸로 태어났어. 히틀러라는 정치가가 우리 유대인들을 힘들게 해서 가족들과 함께 네덜란드 암스테르담으로 이사와 오랜 시간 숨어살았지. 그동안 난 일기를 썼어. 외롭고 무서운 마음을 내 일기장인 키티에 다 털어놓았지.

아무튼 내가 살던 시대에 온 걸 환영해. 그런데 안타깝게도 내가 소개할 이 시대는 역사 속에서 힘들고 고통스러웠던 때란다. 사람들의 욕심으로 큰 전쟁이 두 번씩이나 일어났어.

유럽의 여러 나라들은 15세기부터 바다로 나가 다른 나라와 장사를 해서 큰돈을 벌었어. 그리고 공장에서 많이 만들어낸 물건을 팔기 위해서 아시아와 아프리카, 아메리카를 식민지로 만들어 자기들 멋대로 부려먹었어. 물론 식민지 사람들도 가만히 있지는 않았지만 유럽의 힘이 너무 세다 보니 저항하는 게 어려웠단다. 유럽 사람들은 서로 좋은 땅을 많이 차지하려고 다투다가 결국 자기들끼리 전쟁을 일으켜서 인류 역사상 가장 크고 끔찍한 전쟁을 두 번이나 일으켰어.

전쟁은 크나큰 고통과 상처를 남겼지만 우리에게 교훈도 안겨 주었어. 사람들은 전쟁이 얼마나 참혹하고 끔찍한 것인지를 알게 되었고, 다시는 이런 아픔을 되풀이해서는 안 된다는 생각을 하게 되었지. 그리고 전쟁으로 인해 잃은 것들을 되찾고 어려움을 극복하기 위해 더 열심히 일하려고 애썼단다.

자, 그럼 나와 함께 전쟁의 시대를 살펴볼까?

또리가 만난 역사 속 인물

루스벨트

미국인이 가장 존경하는 대통령! 미국에서 유일하게 네 번이나 당선된 대통령! 제2차 세계대전을 승리로 이끌고 경제 대공황을 뉴딜 정책으로 극복한 대통령! 다 루스벨트를 가리키는 말이란다. 스물아홉 살에 뉴욕 주 상원의원이 된 루스벨트는 한창 열심히 일할 마흔 살에 갑자기 소아마비에 걸렸어. 모든 사람들이 루스벨트가 끝났다고 생각했지만 그는 장애를 극복하고 대통령이 되었단다. 미국이 가장 어려웠던 시기에 대통령이 된 루스벨트는 탁월한 정책으로 경제를 일으키고 전쟁을 승리로 이끌었어.

간디

인도 사람들은 간디를 '마하트마'라고 부른단다. 마하트마란 인도 말로 위대한 영혼이란 뜻이야. 20세기의 가장 위대한 인물로 꼽히는 간디는 인도가 영국의 식민지였던 1869년에 태어났지. 그는 평생을 인도의 독립과 어려운 사람들을 위해 바쳤단다. 간디는 비폭력 무저항 운동이라는 평화적인 방법을 통해 영국의 잔인성과 비도덕성을 전 세계에 알렸어. 이것은 후에 미국의 흑인 인권 운동을 비롯해 많은 사람들에게 영향을 미쳤단다. 하지만 간디는 평화를 사랑하는 그의 참뜻을 깨닫지 못한 사람에게 암살당하고 말았어.

마오쩌둥(모택동)

동아시아를 호령하던 중국은 19세기에 들어와서 종이호랑이라고 불릴 정도로 약해져 유럽의 여러 나라에게 시달렸단다. 이렇게 혼란한 시대에 가난한 농부의 아들로 태어난 마오쩌둥은 중국의 앞날을 고민하다가 공산주의자가 되기로 결심했어. 마오쩌둥은 장제스가 이끄는 국민당과 대립하고 일본과 싸우면서 중국 공산당의 지도자가 되었단다. 국민당의 공격을 피해 1만 2500km의 대장정을 하면서 쓰러져 가는 공산당을 다시 일으켜 세운 모택동은 일본이 망한 후 국민당을 대만으로 몰아내고 중국 본토에 중화인민공화국을 세웠지.

전쟁에 참가했던 세계의 여러 나라

욕심쟁이 우후훗~

영국
영국은 해가 지지 않는 나라라고 할 정도로 전 세계에 걸쳐 식민지를 건설했어. 캐나다, 인도, 오스트레일리아, 이집트를 비롯해 아시아와 아프리카의 여러 곳을 식민지로 두었단다.

프랑스
프랑스는 영국에 이어 두 번째로 많은 식민지를 차지했던 나라야. 아프리카와 인도차이나 반도, 남아메리카에서 원료를 구하고 자기네 물건을 내다 팔면서 부를 쌓아갔지.

미국
미국은 영국에서 독립한 후 남부에서는 흑인 노예들을 이용해 농업을 발달시켰고 북부에서는 산업을 발달시켰단다. 링컨 대통령이 흑인을 해방시키려고 하자 이를 반대하는 남부와 찬성하는 북부 사이에 전쟁이 벌어졌어. 남북 전쟁은 북부의 승리로 끝났고 미국은 다시금 안정을 되찾아 쿠바와 필리핀 등을 차지했단다. 더욱이 제1차 세계대전 때 전쟁 물자를 보급하면서 엄청난 부를 쌓은 미국은 세계 최강 대국으로 성장해 갔어.

러시아
러시아는 20세기에 가장 큰 변화를 겪은 나라란다. 러시아는 태평양까지 영토를 넓혔어. 하지만 차르와 귀족들이 백성들을 괴롭히자 노동자와 농민들은 레닌이 지도하는 공산당과 함께 혁명을 일으켰지. 그리고 왕을 몰아내고 소비에트라는 자신들의 대표 기구를 세웠단다. 그리하여 세계 최초의 사회주의 국가가 만들어졌어.

독일
독일 역시 식민지를 건설하려고 애썼지만 이미 영국과 프랑스가 대부분을 차지하고 있어서 쉽지 않았단다. 그래서 결국 전쟁을 일으키고야 말았지. 하지만 제1차 대전에서 패한 독일은 이어진 세계 대공황으로 더더욱 살기가 힘들어졌단다. 독일 국민들은 잘살게 해 준다는 히틀러의 말을 믿고 나치에 협력했고, 그 결과 또 제2차 세계대전이 일어나게 되었지.

우리나라와 이웃 나라

이 시기 우리나라는 일본의 식민지가 되는 아픔을 겪었어. 일본은 우리 땅을 빼앗고 필요한 자원을 마음대로 가져갔으며 수많은 조선 사람들을 자기네 나라로 데려가 부려먹었단다. 하지만 3·1운동 등의 독립 운동을 벌이고 임시 정부를 세우는 등 나라를 되찾기 위해 노력한 끝에 1945년 8월 15일 36년 만에 해방이 되었어.

한편 중국은 아편전쟁 이후 서구 열강의 표적이 되었어. 신해혁명 때 청나라가 멸망하고 중화민국이 탄생했지. 이 무렵에 만들어진 공산당은 국민당과 합치고 흩어지기를 몇 차례 반복하다가 결국 정권을 잡게 되었단다. 그 사이 공산당은 국민당의 공격을 피해 중국을 반 바퀴나 돌아 근거지를 바꿨어.

일본은 미국의 페리 호에 의해 교류의 문이 강제로 열렸어. 안에서는 사무라이들이 힘을 합쳐서 쇼군이 통치하는 막부를 몰아내고 개혁을 실시했지. 메이지 유신 후 산업이 발달한 일본은 값싼 원료와 소비자를 찾기 위해 우리나라와 중국과 동남아시아 쪽으로 눈을 돌리기 시작했단다. 우리나라를 침략하고 중국과 만주 전쟁을 일으켜 만주를 차지하고 점차 동남아시아를 점령해 나갔지. 일본은 동남아시아를 확실하게 손에 넣기 위해 태평양에 있는 진주만을 기습 공격했지만 미국도 그리 만만치는 않았거든. 태평양에서 미국의 공격을 받고 만주에서 소련의 공격을 받은 일본은 힘을 잃고 결국 두 발의 원자폭탄을 맞아 항복하고 말았단다.

천안에 있는 독립기념관

이 시기에는 대부분의 아시아 국가들이 서양 세력의 식민지가 되었단다. 서아시아의 아라비아 반도에 있는 나라와 이란, 아프가니스탄, 남아시아의 인도, 인도차이나 반도와 인도네시아, 필리핀 등의 나라가 모두 영국과 프랑스, 네덜란드, 미국의 식민지가 되었어. 아시아로서는 참 힘든 시기였지.

알쏭달쏭 궁금한 전쟁의 시대 이야기

제1차 세계대전은 어떻게 일어났을까?

발칸 반도의 사라예보에서 오스트리아 황태자가 세르비아 청년에게 총을 맞아 죽으면서 제1차 세계대전이 일어났어. 1914년에 시작한 이 전쟁은 4년 동안 계속됐단다. 영국·프랑스·러시아가 삼국협상으로 한 편이 되고 독일·오스트리아·이탈리아가 삼국동맹으로 한 편이 되어 치열하게 싸웠어. 그런데 영국과 독일의 전쟁 중 독일이 영국 배를 공격한 사건이 있었어. 그 배에는 마침 미국 사람들이 많이 타고 있었던 거야. 이 사건으로 중립을 지키던 미국이 영국 편을 들었고 결국 전쟁은 삼국협상 측의 승리로 끝났단다.

경제 대공황이라는 게 뭐지?

부유했던 유럽은 제1차 세계대전으로 하루아침에 무너지고 말았어. 하지만 미국은 전쟁 자금을 빌려 주고 군수물자를 대면서 경제를 빠르게 발전시켰지. 경기가 좋아지자 공장에서는 물건을 많이 생산해냈는데 나중에는 팔리지 않아 결국에는 조금씩만 만들어내야 했어. 그러다 보니 거리에는 실업자가 넘쳐나고 물건도 더 팔리지 않는 심각한 불황이 시작되었단다. 미국에서 시작된 대공황은 세계적으로 퍼져 나갔고 세계 경제는 큰 어려움을 겪게 되었어. 그러던 중 루스벨트 대통령이 뉴딜 정책을 제시했어. 은행을 살려내고 산업을 지원하고 테네시 강을 개발해 일자리 없는 사람들이 일할 수 있도록 한 거지. 이렇게 해서 미국은 대공황을 극복할 수 있었단다.

제2차 세계대전 때는 또 어떤 일이?

제1차 세계대전 이후 겨우 몸을 추스르던 유럽은 미국에서 시작된 대공황으로 인해 다시 한 번 위기를 맞았단다. 사람들이 불안해하자 독일과 이탈리아에서는 나치즘과 파시즘 같은 전체주의 사상이 생겨났어. 그리고는 국민을 하나로 모아 전쟁을 준비했단다. 제2차 세계대전은 독일이 폴란드를 침공하면서 시작됐어. 한편 독일, 이탈리아와 동맹을 맺고 전쟁에 뛰어든 일본은 미국의 진주만을 기습 공격했어. 이로써 전 세계가 전쟁의 소용돌이에 휘말리게 되었단다. 결정적으로 독일이 러시아에 패해 전세가 기울자 미국과 영국을 비롯한 연합국 측은 프랑스의 노르망디에 상륙해 독일의 항복을 받아냈어. 끝까지 버티던 일본도 원자폭탄을 맞고 항복하면서 마침내 전쟁은 끝이 났단다.

아찔한 역사 속
그때 그 사건

전 세계를 공포에 떨게 한 엄청난 세계대전

　유럽의 강대국들은 산업 혁명 이후 아시아나 아프리카에 물건을 팔고 나아가 이 나라들을 식민지로 삼아 지배하고 싶어 했어. 유럽의 각국이 식민지를 더 얻으려고 서로 싸우다 보니 전쟁이 커지게 되었고 결국 세계대전이 되었단다. 유럽에서는 무기의 발달로 전쟁의 규모도 이전과 비교할 수 없을 만큼 아주 컸지. 세계를 무대로 한 전쟁으로 인해 수많은 사람들이 끔찍하게 죽고 엄청나게 많은 건물과 재산이 파괴되었단다.

러시아 혁명과 사회주의

　러시아에서는 사회주의자들과 노동자, 농민들이 왕과 귀족을 몰아내고 혁명을 일으켰어. 러시아 혁명이 일어난 뒤 세계에서도 사회주의 혁명이 일어나 많은 나라들이 공산주의 국가로 바뀌었단다. 중국, 베트남, 라오스, 캄보디아, 동유럽의 폴란드, 체코, 루마니아 같은 나라들이 공산주의 국가가 되었지. 제2차 대전이 끝나자 세계는 공산주의 진영과 자본주의 진영으로 나뉘어 눈에 보이지 않는 쟁탈전을 벌였단다. 이처럼 전쟁은 하지 않았지만 안으로는 팽팽한 대결을 벌이던 이 시대를 가리켜 냉전 시대라고 해.

고통의 정치 나치즘, 파시즘

　독일은 제1차 대전이 끝나자 전쟁을 일으킨 주범으로 몰려 막대한 배상금을 물고 식민지도 다 빼앗기게 되었단다. 이렇게 되자 경제가 악화되기 시작했고 폭동이 일어나기도 했지. 독일에서 사회주의 혁명이 일어날까 봐 걱정한 미국과 연합국들은 배상금을 깎아 주고 독일의 경제가 살아날 수 있도록 도와주었어. 하지만 미국에서 대공황이 발생하면서 다시 상황이 나빠졌지. 이렇게 경제가 안 좋아지자 사람들은 무조건 잘 먹고 잘살게 해 주겠다는 정치가에게 마음이 쏠렸어. 독일의 히틀러와 이탈리아의 무솔리니는 사람들의 이런 불안한 마음을 이용해 세계 최강의 국가를 만들어 주겠다며 선동했단다. 사람들은 히틀러와 무솔리니를 열광적으로 환영했어. 하지만 이들은 독재 정치를 하며 국민을 이용해 유대인을 학살하고 사회를 참혹한 고통 속으로 몰아넣었단다.

반짝반짝 빛나는 세계 문화유산

◀ 히로시마 평화 기념관 원폭 돔
1945년 8월 6일, 일본 히로시마와 나가사키에 역사상 처음으로 원자폭탄이 폭발했단다. 원자폭탄이 떨어진 곳에서 약 12km 안에 있던 것들은 모두 불에 타고 파괴되었지. 히로시마에 남은 원폭 돔이라 불리는 이 건물은 전쟁의 참혹함을 일깨우기 위해 보존되고 있단다.

바르셀로나의 구엘공원과 카사밀라 ▶
천재 건축가 안토니오 가우디가 만든 예술적인 작품이라고 할 수 있어. 직선보다는 곡선을 많이 사용했지. 섬세하고 화려한 색채와 장식으로 꾸며져 독특한 분위기를 만들어낸단다.

◀ 에펠탑
파리의 상징이 된 에펠탑은 프랑스 혁명 100주년인 1889년에 만국박람회를 기념하여 세워졌단다. 설계자 에펠의 이름을 따서 에펠탑이라 불리게 되었지.

◀ 자유의 여신상

뉴욕시 허드슨 강 어귀 리버티 섬에 있는 자유의 여신상은 높이가 약 46m나 돼. 오른손에는 횃불을 왼손에는 독립선언서를 들고 있지. 미국의 독립 100주년이 되던 1886년에 프랑스에서 기증한 것으로 지금은 미국의 상징과도 같아.

국제연합 본부 ▶

국제연합(UN)은 전쟁 방지와 평화 유지를 위해 설립되었어. 미국의 뉴욕에 있는 국제연합 본부는 유네스코가 지정한 세계 문화유산은 아니지만 제2차 세계대전 이후 세워진 가장 의미 있는 건물이라고 말할 수 있단다. 동양인으로는 최초로 우리나라 반기문 아저씨가 유엔사무총장이 되었지.

▼ 아우슈비츠 강제 수용소

제2차 세계대전을 일으켜 폴란드를 점령한 독일은 폴란드에 강제 수용소를 세우고 유럽 각지에서 잡아온 유대인과 나치에 반대한 사람들을 가둬 놓았어. 독일이 망하기 전까지 400만 명이나 되는 사람들이 이곳에서 죽었단다.

역사를 바꾼 발견과 발명

항생제

1928년 영국의 의사 플레밍은 우연히 푸른곰팡이에서 해로운 균들의 번식을 막는 특수한 물질이 있다는 것을 발견하고 항생제를 만들었어. 항생제 덕분에 그동안 인류를 괴롭혔던 수많은 질병을 치료할 수 있었단다.

전화

옛날엔 서울에서 부산으로 소식을 전하려면 걸어서 가든지 말을 타고 가야 했어. 하지만 지금은 전화로 몇 초 만에도 소식을 전할 수 있지. 1876년 영국의 벨은 목소리를 전기 신호로 바꿀 수 있다고 생각해 전화기를 발명했단다. 그때부터 조금씩 발전해 전화선 없이도 들고다니며 통화할 수 있는 휴대전화까지 만들어졌지.

자동차와 비행기

가솔린으로 가는 자동차는 1885년에 독일의 다임러와 벤츠가 만들었어. 그래서 두 사람을 자동차의 아버지라고 부르지. 오늘날과 같은 값싸고 실용적인 자동차는 자동차의 왕이라고 불리는 미국의 포드에 의해 만들어졌단다. 한편 자전거 기술자였던 라이트 형제는 1903년 비행기를 만들어 인류 최초로 48초를 나는 기록을 세웠어. 1927년에는 린드버그라는 청년이 대서양을 횡단해서 비행의 시대를 열었지. 이후 비행기는 발전을 거듭해서 지금은 우주까지도 갈 수 있게 되었단다.

영화

사진기가 생겨난 후 정지된 모습을 움직이는 영상으로 만들 수 없을까 생각하다가 결국 영화가 만들어졌어. 결정적인 역할을 한 사람은 프랑스의 뤼미에르 형제와 에디슨이란다. 최초의 영화는 뤼미에르 형제가 만든 50초짜리 영화였어. 처음에는 소리 없이 화면만 나오는 무성 영화로 시작했지만 그 후에 소리까지 나오는 유성 영화로 발전했지.

우리가 사는 시대
20세기 ~ 21세기

우리가 사는 시대 이야기

안녕? 나는 암스트롱이라고 해.

인류 역사상 최초로 달 착륙에 성공한 지구인이지.

나는 1969년 7월 20일에 올드린과 함께 아폴로 11호를 타고 달에 도착했어. 달에서 바라본 지구는 정말 아름다웠단다. 푸른색과 하얀색의 복잡하고 황홀한 무늬는 예술 그 자체였지.

지구를 넘어 우주를 향하고 있는 이 시대는 상상할 수 없을 만큼 빠른 발전을 이루고 있지만 그만큼 문제점도 많단다.

20세기 후반 이후 세계는 지난 시대에 있었던 세계대전 같은 큰 전쟁은 아니지만 곳곳에서 각종 테러와 분쟁 등이 일어나 몸살을 앓고 있어. 인종 갈등, 민족 갈등, 종교 갈등 등으로 죄 없는 많은 사람들이 죽어가고 있지. 또한 잘사는 나라와 못사는 나라의 빈부 격차가 많이 벌어져서 국민 대부분이 부유하게 사는 나라도 있는 반면 먹을 것이 없어 허덕이는 나라들도 많단다. 무엇보다 환경 오염으로 인한 지구 온난화 현상, 물 부족, 황사 등의 문제도 심각하지.

이 모든 것들은 우리가 해결해야 할 과제들이란다. 21세기를 살아가는 우리는 위기를 극복해 가면서 더 나은 방향으로 나아가기 위해 노력해야 해. 아름다운 지구를 지키고 평화로운 세상을 만들어 나가는 것은 우리의 몫이니까.

자, 그럼 우리 이제 마지막으로 이 시대를 살아가는 세계 여러 나라의 모습을 구경해 볼까?

또리가 만난 역사 속 인물

마틴 루터 킹

　세상의 모든 사람이 자유롭고 평등하게 살아가기를 꿈꾼 사람, 그 꿈을 위해 자기 목숨까지도 내던졌던 사람, 그래서 마침내 그 꿈을 모든 사람의 꿈이 되게 했던 사람이 바로 마틴 루터 킹 목사란다. 루터 킹은 간디의 비폭력 무저항 운동과 기독교의 가르침에 따라 흑인들의 권리를 위해 애썼어. 여러 차례 감옥살이를 하고 백인들에게 위협을 받았음에도 불구하고 자유와 평화를 위해 싸웠지. 노벨평화상도 받았던 그는 암살을 당하기 전까지 양심과 믿음대로 살기 위해 끊임없이 노력했단다.

마더 테레사

　전쟁, 가난, 인종 차별, 빈부 격차 등으로 어지럽혀진 세상에서 고통받는 이들을 위해 헌신했던 테레사 수녀는 20세기를 밝힌 등불이었단다. 사랑의 선교회를 만들어 나병 환자와 버려진 아이들, 거리에서 죽어가는 사람들을 위해 평생 정성을 다했지. 이기심과 욕심과 미움으로 가득 찬 세상에서 마더 테레사의 꾸밈없는 사랑은 사람들을 감동시켰어. 지금도 세계 곳곳에서 많은 사람들이 테레사 수녀의 헌신적인 삶을 본받으려 노력하고 있단다.

덩샤오핑(등소평)

　중국이라는 잠자던 용을 깨워 다시 하늘을 날게 한 사람이 바로 덩샤오핑이란다. 그는 누구보다도 먼저 공산주의가 가진 모순을 꿰뚫어 보고 새로운 정책을 만들어냈어. 덩샤오핑은 흰 고양이든 검은 고양이든 쥐만 잡으면 된다는 흑묘백묘론이라는 실용주의 노선을 채택하고 과감하게 자본주의적 경제를 받아들였어. 그리하여 중국이 오늘날과 같이 놀라운 발전을 이룩할 수 있는 밑거름을 만들었단다.

오늘날을 살아가는 세계의 여러 나라

미국
미국은 제1차 세계대전에서 엄청난 부를 쌓고 제2차 세계대전을 승리로 이끌면서 세계 최강의 국가로 발돋움했어. 미국은 세계의 경찰, 민주주의 수호자를 자처하면서 세계 곳곳의 분쟁에 개입하고 있단다.

러시아
러시아 연방은 넓은 영토에 많은 종류의 자원을 갖고 있어. 하지만 오히려 넓은 국토와 다양한 인종이 통합을 방해하고 있는 요인이기도 하지. 소련의 붕괴 이후 차츰 경제가 회복되면서 영토와 자원을 활용해 다시 성장하고 있단다.

영국
영국은 두 번의 세계대전을 치르면서 예전에 가지고 있던 영광을 잃었어. 제2차 세계대전 이후 혹심한 경제 위기를 겪고 나서 다시 일어서기 위해 열심히 노력하고 있단다.

독일
독일은 제2차 세계대전 직후 동독과 서독으로 갈라졌지만 45년 만에 동독의 사회주의가 무너지면서 통일을 이뤘지. 통일 후 많은 혼란이 있었지만 잘 이겨내고 있단다.

유럽 연합
유럽은 제2차 세계대전 이후 어려움을 극복하기 위해 서로 힘을 합치기 시작했어. 유럽의 30여 개에 가까운 나라들이 관세를 없애고 화폐를 유로화로 만드는 등 다양한 협력을 통해 세계 시장에서 힘을 과시하고 있단다.

아프리카
아프리카는 1960년에 17개의 나라가 한꺼번에 서구 열강으로부터 독립했단다. 하지만 유럽 사람들이 제멋대로 그어 놓은 국경선 때문에 지금까지 혼란을 거듭하고 있어. 아프리카에는 굶주린 사람들과 전쟁으로 인해 힘들어하는 사람들이 많단다.

우리나라와 이웃 나라

전 세계를 들썩이게 했던 전쟁이 끝난 후 동양은 서구 열강의 식민지로부터 벗어나 마침내 독립을 이루었단다.

인도, 미얀마, 말레이시아, 브루나이, 파푸아뉴기니 등의 나라는 영국으로부터 독립했어. 인도는 힌두교를 믿는 사람들과 이슬람교를 믿는 사람들이 나뉘었는데, 이슬람을 믿는 사람들은 다시 방글라데시와 파키스탄으로 갈라졌어. 또 베트남, 라오스, 캄보디아는 프랑스의 지배로부터 벗어났고, 우리나라는 일본으로부터 해방되었지.

일본은 제2차 세계대전의 패배와 원자폭탄의 피해로 어려움을 겪었지만 미국의 도움을 받아 경제를 회복했단다. 또 우리나라의 6·25 전쟁과 베트남 전쟁을 이용해 부자가 되었지. 하지만 일본은 아직까지 우리나라와 중국을 비롯해 아시아 여러 나라에 저지른 잘못을 뉘우치지 않고 있어. 오히려 역사를 왜곡하며 또 다시 군사 대국이 되기 위해 노력하고 있지.

중국은 제2차 대전 이후 모택동이 이끄는 공산당이 승리해 중화인민공화국을 만들었단다. 모택동은 공산주의 국가를 만든 다음 사람들이 더 순수하게 공산주의를 믿어야 한다며 문화 대혁명이라고 하는 운동을 일으키기도 했어.

우리나라는 해방이 된 다음 혼란스러운 상황에서 소련과 미국의 압력을 이기지 못하고 두 개의 나라로 나뉘어졌어. 결국 1950년에 남한과 북한은 같은 민족끼리 총을 겨누는 가슴 아픈 전쟁을 치르게 되었지. 휴전 후 남한은 1960년대부터 전 국민이 나서서 노력한 결과 급속한 경제 발전을 이루었고 정치적으로도 민주화를 이룩했단다. 하지만 북한은 아직도 경제적으로나 정치적으로 많은 어려움을 겪고 있어. 빨리 통일이 되어 우리 민족이 힘을 합쳐서 더 잘사는 나라, 더 좋은 나라가 될 수 있도록 노력해야겠지.

대한민국의 수도 서울의 모습이야~

알쏭달쏭 궁금한 우리 시대 이야기

6·25 전쟁은 어떻게 일어났어?

우리나라는 1945년 일본으로부터 해방되면서 미국과 소련의 간섭을 받게 되었어. 미군이 온 남쪽에는 자유주의 정권이, 소련군이 온 북쪽에는 사회주의 정권이 서게 되었지. 북한은 1950년 6월 25일 새벽, 소련군의 지원을 받아 탱크를 앞세우고 남쪽으로 내려왔단다. 갑작스런 공격에 당황한 남한은 부산을 제외한 모든 땅을 다 내주고 말았지만 미국과 유엔군의 도움을 받아 다시 압록강 근처까지 밀고 올라 갔어. 그런데 갑자기 중국군이 몰려오면서 다시 후퇴하게 되었고, 이렇게 3년 동안 싸우다 결국 휴전을 하게 되었단다. 그렇게 휴전의 상태로 지금껏 우리나라는 세계에서 유일한 분단국가로 남게 되었지.

중동 전쟁이 뭐야?

2000년 동안 나라 없이 세계를 떠돌던 유대인들은 제2차 대전이 끝나자 미국의 지원을 받으며 팔레스타인에 이스라엘을 세웠단다. 이스라엘이 건국되자 팔레스타인에 살고 있던 사람들은 갈 곳이 없어졌고 많은 갈등이 빚어졌지. 이슬람을 믿는 중동의 나라들과 미국의 지원을 받는 이스라엘이 네 차례에 걸쳐 치른 전쟁을 중동 전쟁이라고 해. 이스라엘은 중동 전쟁에서 승리해 땅을 차지하게 되었어. 그러나 강제로 쫓겨난 팔레스타인 사람들과 주변의 이슬람 국가들이 계속해서 이스라엘에 저항하면서 지금까지 테러와 전쟁이 일어나고 있단다.

사회주의는 왜 무너진 걸까?

사회주의는 모든 사람이 평등해야 하고 개인보다는 사회가 더 중요하다고 생각하는 사상이야. 열심히 일한 사람이나 게으른 사람이나 모두 평등하게 월급을 주어야 한다고 생각했지. 그러자 나중에는 열심히 일하는 사람이 줄어들게 됐고 결국 능률이 떨어지면서 점점 가난해졌어. 결국 1990년대에 이르러 소련이 붕괴하면서 사회주의 국가들도 잇달아 무너지기 시작했단다. 중국과 북한을 비롯한 몇몇 나라들은 아직까지 사회주의 체제를 유지하고 있지만 이들 역시 일부분은 자본주의적인 경제 방식을 도입하면서 새로운 길을 찾고 있어.

한발한발 나아가는 현재와 미래

전쟁과 테러의 중심에 선 미국

석유로 돈을 벌게 된 중동 국가들은 서서히 선진국의 영향력에서 벗어나기 시작했어. 이를 통제하고 싶었던 미국은 이라크가 쿠웨이트를 침공했다는 것을 빌미 삼아 이라크를 공격했단다. 그렇지 않아도 이스라엘을 지원해서 미움을 받던 미국은 다시 한 번 중동 국가들의 원성을 듣게 됐지. 급기야 2001년 9월 11일 뉴욕의 세계무역센터와 미 국방부 건물을 비행기로 들이받는 테러 사건이 일어났단다. 놀란 미국은 9·11 테러를 지원했다는 이유를 들어 아프가니스탄과 이라크를 공격해서 전쟁을 일으켰어. 미국을 비롯한 서구의 선진국들과 중동의 이슬람 국가들 간의 갈등은 아직도 계속되고 있고 언제 터질지 모르는 화약처럼 위태롭단다.

달나라와 우주로의 여행

인류의 오랜 꿈이었던 우주 여행은 마침내 20세기에 들어와 이루어졌단다. 우주 여행의 첫발은 소련이 내딛었지만 위기를 느낀 미국이 열심히 연구한 끝에 1969년 아폴로 11호를 소련보다 먼저 달에 착륙시켰어. 달 착륙에 성공한 소련과 미국은 계속해서 우주 정거장을 만들고 우주 왕복선을 만들어 본격적인 우주 시대를 열었단다. 우리나라도 1992년 과학 위성 우리별 1호를 시작으로 방송 위성 무궁화호, 관측용 위성 아리랑호 등을 쏘아올렸지.

21세기를 살아가는 우리가 풀어야 할 과제

산업화가 빠르게 이루어지면서 생태계가 많이 훼손되었어. 특히 지구의 온도가 급격히 올라가는 지구 온난화 현상은 북극과 남극의 빙하를 녹이고 사막화를 빠르게 진행시키는 등 이상 기후의 원인이 되고 있지. 우리는 환경 오염으로 아파하는 지구를 살려내야 한단다. 또한 선진국과 후진국, 잘사는 사람과 못사는 사람 간의 격차를 없애고 다 같이 잘사는 사회를 만들어야 해. 유대교와 이슬람의 갈등, 개신교와 가톨릭의 갈등, 피부색에 따라 갖는 편견들 그리고 살아가는 방식이 달라 만들어지는 오해 또한 지구촌을 살아가는 우리가 반드시 풀어야 할 문제들이란다. 이러한 문제들을 하나하나 잘 풀어나가면 풍요롭고 살기 좋은 사회가 될 거야.

반짝반짝 빛나는 세계 문화유산

뉴욕 메트로폴리탄 박물관 ▶

미국의 뉴욕에 있는 메트로폴리탄 박물관은 뉴욕 시민의 노력으로 소규모로 시작되었다가 세계적인 박물관으로 발전했단다. 유럽의 큰 미술관에 비해 역사는 짧지만 세계 각국의 유물이 200만 점이나 있어. 1998년에는 한국관이 개관되어 400여 점의 작품을 전시해 놓고 있지.

◀ 파리 루브르 박물관

800년의 역사를 간직한 루브르 박물관은 원래는 궁전이었다가 프랑스 대혁명 때 왕족, 귀족, 성직자들이 가지고 있던 작품들을 전시하기 위해 박물관으로 지정되었단다. 이집트의 유물부터 비너스와 모나리자까지 인류의 빼어난 작품들이 전시되어 있지.

비엔나 미술사 박물관 ▶

루브르 박물관, 에르미타주 박물관과 함께 유럽 3대 박물관으로 꼽히는 종합 박물관이야. 16세기부터 수집된 뛰어난 작품들이 전시되어 있어서 미술사 전체를 볼 수 있단다. 특히 르네상스와 바로크 시대의 작품들이 많이 전시되어 있지.

'밀로의 비너스(Venus de Milo)'
- 루브르 박물관 소장

◀런던 대영 박물관▶

대영 박물관은 1759년에 한스 슬론 경의 소장품이 국가에 기증되면서 문을 열었어. 이곳에는 선사 시대부터 현대까지의 각종 유물들이 전시되어 있단다. 인류의 역사를 한눈에 볼 수 있지.

◀상트페테르부르크 에르미타주 박물관

러시아의 상트페테르부르크에 있는 에르미타주 박물관은 세계에서 가장 많은 작품을 보유하고 있단다. 한 작품을 1분씩만 감상해도 약 5년이 걸린다는 얘기가 있을 정도야. 처음에 이곳은 귀족들만 관람할 수 있었는데 러시아 혁명 후 국립 미술관이 되었단다.

우와! 박물관이 살아 있네!

서울 국립중앙 박물관▶

서울시 용산구에 위치한 국립중앙 박물관에는 우리 조상들이 남겨 놓은 문화 유산이 잘 전시되어 있어. 우리의 찬란한 역사를 엿볼 수 있는 유물과 작품들이 많이 있으니까, 언제 한번 꼭 찾아가 봐.

사진 제공 : 국립중앙 박물관

역사를 바꾼 발견과 발명

컴퓨터

최초의 컴퓨터는 1946년 미국 펜실베니아 대학에서 만들어진 에니악인데, 무게가 자그만치 30톤이었어. 그 후 크기는 계속 작아지고 성능은 좋아져서 오늘날의 컴퓨터로 발전했지. 컴퓨터로 인해 과학은 매우 빠른 속도로 발전했고 인터넷을 통해 누구나 자유롭게 정보를 이용할 수 있게 되었어. 또 인공지능이 개발되어 사람이 했던 많은 일들을 컴퓨터나 로봇이 대신하고 있단다.

인공위성과 우주선

20세기 중반에 인류의 오랜 꿈인 우주 여행이 본격적으로 시작되었단다. 1957년 최초의 인공위성이 발사됐고 1969년 아폴로 11호가 달에 착륙하면서 본격적인 우주 시대가 열렸지. 지구 안에서만 살아온 인류는 우주라는 새로운 세계에 발을 들여놓게 되었어. 기상 관측용 위성, 통신용 위성, 과학 연구용 위성, 군사용 위성 등 수많은 위성들이 시시각각 정보를 보내오고 있고 멀리 우주로 보내진 우주선들은 별들의 소식을 전해오고 있단다. 누구나 우주 여행을 할 수 있는 시대가 오면 우주에서 지구를 바라볼 수도 있을 거야. 정말 기대되지?

유전자의 발견과 생명과학

1953년 왓슨과 크릭은 유전 정보를 담고 있는 DNA의 이중 나선 구조를 발견함으로써 생명과학의 시대를 활짝 열어 주었어. 그때까지 수수께끼로 남아 있던 생명의 신비가 어느 정도 밝혀지면서 새로운 의약품과 치료법들이 개발되었지. 또 콩과 옥수수 같은 유전자를 조작해서 만든 식물들이 개발됐고 복제양 돌리를 시작으로 개, 늑대, 고양이 등의 동물들을 복제하는 데 성공했어. 또 2003년에는 인간 유전자 지도가 완전히 해독됨으로써 난치병과 불치병에 대한 맞춤형 치료가 가능해졌단다. 21세기는 아마 생명과학의 시대가 될 거야.

우주인 또리

암스트롱과 달나라에 가다

찾아보기

ㄱ
간빙기 … 18
간석기 … 19
간디 … 111, 112
개신교 … 100
게르만 … 54, 55, 56, 61
경제 대공황 … 116
고구려 … 45
고려 … 70, 73
고인돌 … 28, 35
고조선 … 28, 31
구석기 … 17, 19, 22, 23
9·11 테러 … 127, 131
구엘공원 … 118
국립중앙 박물관 … 133
국제연합 본부 … 119
굽타 왕조 … 54, 56, 59
그리스 … 40, 44, 46, 47
기독교 … 47, 54, 55
길가메시 서사시 … 33

ㄴ
나스카 평원 … 57, 63
나치즘 … 116, 117
나폴레옹 … 96, 97
남북국 시대 … 59
남북 전쟁 … 113, 114
냉전 시대 … 117
노르만 … 56, 58, 61
뉴딜 정책 … 111, 116
뉴턴 … 106
닛코 도쇼궁 … 104

ㄷ
다윈 … 106
단군 … 28, 31
당나라 … 54, 59, 60
대영 박물관 … 133
덩샤오핑 … 125
도요토미 히데요시 … 87, 88
독립 전쟁 … 102, 103, 107
독일 … 100, 114
동방견문록 … 74
동예 … 45

둔황 막고굴 … 56, 62
뗀석기 … 19

ㄹ
라스코 동굴 벽화 … 15, 20
라에톨리 유적 … 15, 20
라틴아메리카 … 85, 87, 113
러시아 … 58, 100, 114, 128
러시아 혁명 … 112, 117
런던 탑 … 70, 76
레오나르도 다빈치 … 82, 83, 93
로마 … 40, 42, 44, 47, 55
루브르 박물관 … 132
루스벨트 … 111, 116
루터 … 89
르네상스 … 82, 84, 89
리오핀투라스 계곡 손의 동굴 … 15, 20

ㅁ
마르코 폴로 … 70, 74
마오쩌둥 … 111, 129
마우리아 제국 … 45
마젤란 … 83, 85
마추픽추 … 85, 86
마틴 루터 킹 … 125
마호메트 … 54, 58, 61, 65
막부 … 70, 73, 74
만리장성 … 42, 45, 48
만주 전쟁 … 115
말레이시아 … 129
메소포타미아 문명 … 26, 28, 30
메이지 유신 … 101
메이플라워 호 … 100
메트로폴리탄 박물관 … 132
명나라 … 84, 87
명예 혁명 … 102
모세 … 27, 28
모스크바 공국 … 72
모헨조다로 … 28, 30, 34
몽골 제국 … 68, 72
무굴 제국 … 105
무로마치 막부 … 87
무솔리니 … 117
미국 … 100, 114, 128
미얀마 … 129

ㅂ
바그다드 … 72
바빌론 … 27
바스티유 감옥 … 102
발해 … 59
백년 전쟁 … 69, 75
백제 … 45
베르사유 궁전 … 104
베트남 … 126, 129
병마용갱 … 42, 48
보로부두르 사원 … 56, 63
봉건 제도 … 31, 60
부여 … 45
북한 … 129
불교 … 42, 47, 62, 63
비단길 … 42, 45, 50
비스마르크 … 97
비엔나 미술사 박물관 … 132
비잔틴 … 58
비파형 동검 … 31

ㅅ
산 마르코 광장 … 70, 77
산업 혁명 … 96, 103
살라딘 … 69
삼한 … 45
샤니다르 동굴 유적 … 15, 20
석굴암 … 56, 62
성바실리 대성당 … 84, 91
송나라 … 59, 68, 73
수나라 … 54, 59
수원 화성 … 98, 104
스톤헨지 … 28, 34
스핑크스 … 26, 27, 34
시황제 … 41, 45, 48
신라 … 42, 45
신석기 … 18, 19, 22
십자군 전쟁 … 68, 69, 74, 79

ㅇ
아바스 왕조 … 70
아부심벨 신전 … 28, 35
아비뇽 유수 … 75
아스텍 문명 … 72, 86

아우슈비츠 강제 수용소 … 112, 119
아폴로 11호 … 124, 131
아프리카 … 16, 44, 126, 128
악숨 … 44, 63
알람브라 궁전 … 84, 90
알렉산드로스 제국 … 44
알타미라 동굴 벽화 … 15, 20
알프레드 대왕 … 55
암스테르담 … 110
암스트롱 … 124, 135
앙코르와트 … 70, 77
앵글로 색슨족 … 58
야요이 … 45
에도 막부 … 98, 101
에르미타주 박물관 … 133
에스파냐 … 44, 86
에펠탑 … 112, 118
엘 카즈네 신전 … 49
엘모로 요새 … 105
영국 … 58, 103, 114
예루살렘 … 48, 74
5대 10국 … 73
오리엔트 … 46
오벨리스크 … 63
오스만 투르크 … 84, 86
오스트랄로피테쿠스 … 13, 15, 16
옥저 … 45
올멕 문명 … 26, 29
원나라 … 68
원자폭탄 … 112, 115, 118
위만조선 … 31
위진남북조 시대 … 54, 59
유교 … 42, 47
유대교 … 47
유대인 … 110
유럽 연합 … 126, 128
유스티니아누스 1세 … 55
유스티니아누스 법전 … 55
6·25 전쟁 … 129, 130
은나라 … 30, 31
이맘 사원 … 84, 90
이스라엘 … 47, 48, 126, 130
이슬람 … 17, 54, 58, 61, 65, 72
이집트 문명 … 26, 28, 30
이탈리아 … 49, 89, 100

인더스 문명 … 26, 28, 30
인도 … 31, 42, 45, 73
인도 문화권 … 17
인도차이나 반도 … 98, 101, 112
임진왜란 … 84, 87, 88
입헌 군주제 … 102
잉카 문명 … 85, 86

ㅈ
자금성 … 84, 91
자유의 여신상 … 113, 119
잔 다르크 … 69, 70, 75
저우커우뎬 유적 … 20
정화 … 83, 84, 87
제1차 세계대전 … 112, 116
제2차 세계대전 … 112, 116
조몬 문화 … 17, 28, 31
조선 … 87
조지 워싱턴 … 97, 99
종교 개혁 … 82, 84, 89
주나라 … 30, 31
중국 문화권 … 17
중동 전쟁 … 130
중화인민공화국 … 129
진나라 … 40, 41, 45

ㅊ
차빈 문명 … 26, 29
찬드라굽타 … 45
청교도 혁명 … 102
청나라 … 98, 101
청동기 … 28, 36, 45
춘추 전국 시대 … 45
치첸이트사 … 71, 76
칭기즈칸 … 68, 69, 79

ㅋ
카롤루스 … 55
카사밀라 … 118
카스트 제도 … 28, 33
카이사르 … 40, 41
카프레 왕 … 28, 27, 34
캄보디아 … 117
캔터베리 대성당 … 70, 77
켈트족 … 42

코란 … 61, 65
코페르니쿠스 … 92
콘스탄티노플 … 58
콜럼버스 … 83, 85
콜로세움 … 42, 49
쿠샨 왕조 … 54, 59
쿠푸 왕 … 27
크렘린궁 … 91
키예프 루시 … 58

ㅌ
타드라르트아카쿠스 암각화 … 15, 20
타지마할 … 98, 105
테오티와칸 … 57, 62
통일신라 … 56, 59
트로이 … 28, 34

ㅍ
파르테논 신전 … 42, 49
파시즘 … 116, 117
팔레스타인 … 126, 130
팔만대장경 … 70, 73, 76
페르세폴리스 … 44
페르시아 제국 … 44, 51
페이디피데스 … 51
포르투갈 … 86
포에니 전쟁 … 41, 46, 47
폼페이 유적 … 42, 49
프랑크 왕국 … 56, 58, 61
피라미드 … 26, 30, 33, 34, 37
피렌체 … 90

ㅎ
한나라 … 40, 45
한니발 … 41
함무라비 … 27, 28, 33
헬레니즘 문화 … 44, 46
호모 사피엔스 … 13, 15
호모 사피엔스 사피엔스 … 13, 15, 16
호모 에렉투스 … 13, 15, 16
황허 문명 … 26, 28, 30
흑사병 … 68, 70, 75
히로시마 평화 기념관 원폭 돔 … 118
히틀러 … 110, 117

세계사 연표

세계사

기원전

3000~
2500년경   이집트, 메소포타미아, 인도, 황허 문명 시작

700년   중국, 춘추 시대(~403)
525년   페르시아, 오리엔트 통일
403년   중국, 전국 시대(~221)
334년   알렉산더 대왕, 동방 원정
264년   포에니 전쟁(~146)
221년   진(秦)의 중국 통일

서기

316년   중국, 5호 16국 시대(~439)
320년   굽타 왕조 성립
395년   로마 제국, 동서 분열
476년   서로마 제국 멸망
486년   프랑크 왕국 건국
534년   유스티니아누스 법전 편찬
589년   수의 통일

610년   이슬람교 창시
618년   당의 건국(~907)
800년   카롤루스 대제 대관
870년   프랑크 왕국의 분열
962년   신성 로마 제국 성립(~1806)

한국사

기원전

2333년   단군 아사달에 도읍
1000년   청동기 문화의 전개
400년   철기 문화의 발전

서기

53년   고구려, 태조왕 즉위
260년   백제(고이왕), 16관등과 공복 제정
356년   신라, 내물왕 즉위
427년   고구려, 평양 천도
494년   고구려, 부여 정복
520년   신라, 율령 반포

612년   고구려, 살수 대첩
660년   백제 멸망
668년   고구려 멸망
676년   신라, 삼국 통일
698년   발해의 건국
892년   견훤, 후백제 건국
901년   궁예, 후고구려 건국
918년   왕건, 고려 건국
926년   발해 멸망
935년   신라 멸망
936년   고려, 후삼국 통일

서양사	한국사
1037년 셀주크 투르크 건국	1019년 귀주 대첩
1066년 노르만의 잉글랜드 정복	1135년 묘청의 서경 천도 운동
1096년 십자군 전쟁(~1270)	1170년 무신 정변
1206년 몽고 제국의 성립	1231년 몽고의 제1차 침입
1271년 원 제국의 성립(~1368)	1236년 고려 대장경 조판(~1251)
1299년 마르코 폴로 『동방견문록』 출판	1270년 삼별초의 항전
1309년 교황의 아비뇽 유수(~1377)	1376년 최영, 왜구 정벌
1338년 백년 전쟁(~1453)	1392년 고려 멸망, 조선 건국

1405년 정화의 남해 원정(~1433)	1420년 집현전 설치
1445년 구텐베르크, 활판 인쇄술	1443년 훈민정음 창제
1453년 비잔티움 제국 멸망	1446년 훈민정음 반포
1480년 모스크바 대공국 성립	1469년 『경국대전』 완성
1492년 아메리카 대륙 발견	1510년 삼포왜란
1498년 인도 항로 개척	1555년 을묘왜변
1517년 루터의 종교 개혁	1592년 임진왜란, 한산도 대첩
1519년 마젤란, 세계 일주(~1522)	1593년 행주 대첩
1526년 무굴 제국의 성립(~1858)	
1588년 에스파냐 무적 함대 격파	

1600년 영국, 동인도 회사 설립	1610년 『동의보감』 완성
1618년 독일, 30년 전쟁(~1648)	1627년 정묘호란
1642년 청교도 혁명(~1649)	1636년 병자호란
1688년 명예 혁명	1696년 안용복, 울릉도에서 왜인 쫓아냄
1779년 미국, 독립 선언	1708년 전국에 대동법 실시
1789년 프랑스 대혁명, 인권 선언	1791년 신해박해

나를 따르라!

1804년 나폴레옹 황제 즉위	1801년 신유박해
1840년 아편 전쟁(~1842)	1839년 기해박해
1860년 베이징 조약	1860년 최제우, 동학 창시
1861년 미국 남북 전쟁, 이탈리아 왕국의 성립	1862년 진주 민란
1863년 링컨, 노예 해방 선언	1866년 병인양요
1868년 일본, 메이지 유신	1871년 신미양요
1894년 청·일 전쟁(~1895)	1876년 강화도 조약 체결
	1882년 임오군란
	1884년 갑신정변, 우정국 설치
	1894년 동학농민운동, 갑오개혁
	1897년 대한제국 성립

세계사 연표

1904년	러·일 전쟁(~1905)
1907년	삼국 협상 성립
1914년	제1차 세계대전(~1918)
1917년	러시아 혁명
1920년	국제 연맹 성립
1927년	난징 국민당 정부 수립
1929년	세계 경제 공황
1931년	일본의 만주 침략
1937년	중·일 전쟁
1939년	제2차 세계대전(~1945)

1941년	태평양 전쟁, 대서양 헌장 발표
1945년	일본 항복, 국제 연합 탄생
1947년	인도와 파키스탄 독립
1948년	세계 인권 선언, 제1차 중동 전쟁
1949년	중화인민공화국 성립
1959년	유럽 경제 공동체 성립

1969년	아폴로 11호 달 착륙
1988년	이란·이라크 전쟁 휴전, 아프가니스탄 평화 협정 조인
1989년	베를린 장벽 붕괴, 중국 천안문 사건
1990년	독일의 통일, 이라크의 쿠웨이트 침공
1992년	소연방 해체
1993년	유럽 연합(EU) 출범
1995년	세계 무역 기구(WTO) 출범
1996년	복제 양 돌리 탄생
1997년	영국, 중국에 홍콩 반환
2001년	미국 9·11테러 사건
2003년	미국·이라크 전쟁

1904년	제1차 한일 의정서 맺음
1905년	을사조약
1907년	헤이그 특사 사건, 한일 신협약, 한국군 해산, 국채 보상 운동
1910년	주권 상실
1919년	3·1 운동, 임시 정부 수립
1926년	6·10 만세 운동
1929년	광주 학생 항일 운동
1932년	이봉창·윤봉길 의거

1940년	광복군 결성
1945년	8·15 광복
1946년	제1차 미·소 공동 위원회
1948년	대한민국 정부 수립, 5·10 총선거 실시
1950년	6·25 전쟁
1953년	휴전 협정 조인

1960년	4·19 혁명, 장면 내각 시작
1961년	5·16 군사 정변
1963년	박정희 정부 수립
1965년	한·일 조약 동의
1968년	국민교육헌장 발표
1972년	7·4 남북 공동 성명
1973년	6·23 평화 통일 선언
1974년	남북한 상호 불가침 협정 제의, 평화 통일 3대 기본 원칙 밝힘
1981년	전두환 정부 출범
1988년	노태우 정부 출범, 서울 올림픽 개최, 7·7 선언
1989년	한국·헝가리 수교
1991년	남북한 유엔 동시 가입, 지방 자치제 실시
1992년	한·중 수교
1993년	김영삼 대통령 취임
1998년	김대중 대통령 취임
2002년	한·일 월드컵 개최
2003년	노무현 대통령 취임